KB175124

임상 미술 치료를 위한

그림심리평가

개정판

임상 미술 치료를 위한
그림심리평가

개정판 1쇄 발행 2021년 3월 2일
초판 1쇄 발행   2013년 9월 15일

지은이 김선현
펴낸이 채종준
기획·편집 이강임 신수빈
디자인 서혜선
마케팅 문선영 전예리

펴낸곳 한국학술정보(주)
주 소 경기도 파주시 회동길 230(문발동)
전 화 031-908-3181(대표)
팩 스 031-908-3189
홈페이지 http://ebook.kstudy.com
E-mail 출판사업부 publish@kstudy.com
등 록 제일산-115호(2000. 6. 19)

ISBN 979-11-6603-322-3 03180

임상 미술
치료를 위한

그림 심리 평가

김선현 지음
임상 미술치료 전문가

개정판

이담 Books

머리말

우리가 병원에 가면 검사 전 대기 시간에 꼭 측정하도록 되어 있는 것이 있다. 혈압이다. 혈압은 정상과 고혈압, 저혈압으로 분류된다. 처음 혈압계가 발명되고 나서 기준치를 어떻게 정했을까. 많은 일반인과 환자들을 대상으로 임상을 해서 정해졌을 것이다.

병원에서 임상을 하다 보면 의료진은 환자가 그린 그림을 보고 결과를 수치화할 수 없느냐고 물어본다. 언어치료, 물리치료, 작업치료도 모두 결과가 수치로 보이기 때문이다. 일반적인 그림은 숫자가 필요 없어도 된다. 그러나 미술치료는 다른 치료와 마찬가지로 그 결과를 수치로 보여줘야 할 경우가 있다.

물론 모든 그림에 다 필요한 것은 아니다. 수치가 모든 것을 다 보여주는 것은 아니기 때문이다. 단지 과학적·의학적인 수치를 보여준다는 것은 치료에 대한 신뢰이기 때문이다. 때론 그림에 대한 해석을 통해 평가를 해야할 경우도 많다. 그러다 보니 미술치료를 공부하는 이들은 그림 평가를 잘해야 한다. 평가 시 치료사들은 통계와 직관력을 사용해야 한다.

그림을 잘 해석하고 사용해서 환자에게 도움을 주기 위해서는 무엇보다 임상경력이 많아야 한다는 것은 두말할 필요도 없다. 해석 방법은 치료사마다 조금씩 다를 수 있다. 그리고 환자의 상태에 따라 다양하게 해석될 수도 있다. 해석 방법이 절대적이라고 말할 수 없고 치료사들은 절대적이지 않기 때문에 오류를 최소화시켜야 할 것이다.

이 책에서는 일반적으로 많이 사용하는 미술치료 평가도구를 중심으로 넣었다. 검사 방법을 제시하였고 사례들을 중심으로 해석 평가서를 넣었다. 그리고 저자가 개발한 도구들을 추가해서 재활치료에 필요한 검사방법을 넣었다.

미국의 실버는 서양의 미술치료 평가도구가 동양 사람들에게 적용이 안 되는 경우를 말한 적이 있다. 미술치료 평가도구가 서양의 심리학에서 발달한 것들이 대부분이기 때문이다.

특히 의료 쪽에서 쓸 수 있는 도구는 더욱 부족하였다. 필자에게는 오랜 시간 걸려 개발해낸 몇 가지 평가도구들이 있다. 의료기관에서뿐만 아니라 다양한 기관에서 근무하는 미술치료사들로부터 유용하게 사용되고 있다는 소식을 들을 때마다 보람을 느낀다.

앞으로 더 많은 평가도구들이 우리 실정에 맞도록 개발 적용되어 여러 질환에 도움을 줄 수 있기를 바란다. 물론 많은 시간과 노력이 필요하다는 것을 절감한다.

조금 더 다양하고 질환에 맞는 평가도구를 원한다면 『임상미술치료 길라잡이』(이담북스)를 참조하면 도움이 될 것이다. 아무쪼록 이 책이 미술치료를 공부하는 학생들과 교사, 학부모, 임상미술치료사, 심리사들에게 도움이 되었으면 하는 바람이다.

2021년
저자 김선현

목차

그림 검사의 기초   Chapter 1.

그림에 의한 평가기법   Chapter 2.

그림 검사 평가 보고서 Chapter 3.

Chapter 1

그림 검사의 기초

01
...

미술치료에서의 투사적 그림 평가의 필요성 및 배경

투사검사란 로샤검사(Rorschach Test), 주제통각검사(TAT: Thematic apperception test), 문장완성검사(SCT: Sentence Completion Test) 등을 포함하여 집-나무-사람 그림 검사(HTP: House-Tree-Person Test), 동적가족화(KFD: Kinetic Family Drawing) 등과 같은 그림 검사를 말한다. 언어는 의식을 전달하는 중요한 표현수단이지만 인간 내면의 무의식적 차원에 대한 접근은 쉽지 않기 때문에 내담자를 깊이 있게 알아보는 방법으로 그림을 통한 투사검사를 활용하고 있고, 이 검사 방법은 개인의 심리적인 특성을 평가하고 이해하며 치유하는 데 유용하게 사용되고 있다.

투사적 기법을 활용하여 인간에 대해 심층적인 이해를 하기 위한 시도는, 1920년대 독일의 의사 한스 프린존(Hans Prinzhon)이 정신장애 환자의 그림을 통해서 정신병리의 진단이 가능하다는 믿음을 갖으면서 시작되었다. 그는 정신장애 환자의 그림과 정신질환 간의 관계를 입증하는 『정신장애 환자들의 예술성』(1972)을 출판하고, 미술 표현이 환자를 이해하고 재활하는 데 있어 중요한 역할을 한다는 인식을 심어주게 되었다.

Freud는 개인이 갖는 어떠한 이미지가 잊혔거나 억압되었을 때 이런 표상 이미지의 상징은 꿈이나 미술표현을 통하여 표출된다고 하였고, Jung(1954)은 이미지에 대한 보편적 의미에 가치를 두고 상징적인 의미를 이해하는 기초를 갖추고자 노력하며 환자들의 미술 표현에 드러나는 심리적인 세계에 관심을 가졌다. 1921년 Burt는 후천적으로 학습된 지식에 의한 영향을 받지 않는다는 점에서 다른 지능검사들에 비해 장점을 갖는다고 하며, 인물그림을 다른 지능검사와 함께 사용했고, Goodenough(1926)는 그림 검사가 지능 이외에 성격특성까지 드러내준다는 사실을 관찰하게 되었다. 이러한 가정은 Buck(1948)과 Machover(1949)에 의하여 지지되었다. 1940년을 전후로 하여 그림이 개인의 정서적인 측면과 성격을 나타낸다는 주장이 대두되면서 투사적인 그림(projective drawing)이라는 용어가 등장하고 투사그림검사가 개발되었다.

투사적 그림 검사에서 한 개인에 의하여 투사된 것은 자기 대상과 연관된 경험의 표상이라고 볼 수 있다는 자기 심리학적 근거, 일방적인 기준으로 해석하는 것이 아닌 그림을 그린 개인의 입장에서 다양한 가능성을 가지고 있는 그대로를 바라보는 것을 이야기한다는 현상학적 근거, 눈에 보이고 듣고 만질 수 있는 것이 포함된 현상이란 개념에서 그림을 본다는 것은 선입견을 가지고 일방적인 기준으로 해석하는 것이 아니라 그림을 그린 개인의 관점에서 다양한 가능성을 갖고 있는 그대로를 바라보는 것을 말한다는 현상학적 근거, 개인의 그림 표현은 그 사회의 문화와 가치에 따라 상징적 의미가 달라질 수 있다는 사회문화적 근거 등을 바탕으로 하고 있다. 투사검사의 표현과 해석에 있어 교육, 환경, 사회 및 문화적 차원에서의 차이가 있을 수 있음을 반드시 기억해야 한다.

현재 그림 평가의 종류 중 이 책에서는 인물화 검사(DAP: Draw A Person Test), 집 나무 사람 그림 검사(HTP: House-Tree-Person Test), 동적 집 나무 사람 그림 검사(KHTP: Kinetic House Tree Person Test), 동적가족화(KFD: Kinetic Family Drawing Test), 동적 학교화(KSD: Kinetic School Drawing Test), 풍경 구성법(LMT: Landscape Montage Technique), 도형, 색 그리기(FCC: Figure Color Copying), 구름 집 나무 그리기(CHTC: Cloud-House-Tree Copying)를 다루었으며 그 외에도 별 파도 그림 검사(SWT: Star-Wave-Test), 실버 그림 검사(SDT: Silver Drawing Test), 콜라주에 의한 검사(MPC: Magazine Photo Collage), 자유화, 발테그 검사(WZT: Wartegg zeichen Test), 색채화(CDT: Chromatic or Color Drawings Test), 난화법 검사(Scribble), 가족 그림 검사(DAF: Draw-a-Family), 동그라미 가족 그림 검사(FCCD: Family-Centered-Circle-Drawing), 직장생활 그림 검사, 집단 그림 검사(DAG: Draw-A-Group), 빗속의 그림 검사(DAPR: Draw-A-Person-in-the-Rain test), 동물 그림 검사(DAT: Drawings of Animal Test), 자화상 검사(SPT: Self-Portrait Test), 부가적인 인물 그림 검사(APT: Additional Persons Test) 등의 그림 평가 방법이 있다.

02

투사적 그림 평가의 기본 지침

투사적 그림의 평가란 그림 검사에서 드러난 표현, 그림 그리는 과정에서 나타나는 태도, 면담에서 얻어진 정보, 그림 후의 질문 등으로부터 취합한 임상소견 등을 종합하여 그림을 그린 개인의 심리상태나 성격 등을 읽어낼 수 있어야 하며, 이것이 검사의 해석이다.

투사적 그림 검사를 통하여 한 개인의 성격을 이해하는 과정에는, 그림검사를 실시하는 상황에서 검사지시에 대한 이해, 그리는 속도, 흥미가 있는지, 거부하는지, 종이를 다루는 태도, 지우개의 사용 빈도, 자주 지우는 부분, 불안해하는지, 집중을 못하는지, 질문을 많이 하는지 등과 같이 검사 장면과 피검사자의 행동과 태도, 주변 체계의 관계, 과거력 등에 유의하며 여러 정보를 고려해야 한다. 개인을 사실과 다르게 해석하는 오류를 범할 수 있으므로 그림 한 장만으로 성격의 단면을 추론하는 평가는 주의해야 한다. 투사검사에서 그림의 해석은 전체적 평가, 구조적 평가, 내용적 평가 등 3가지 접근을 통해 종합적으로 이루어진다.

❶ 전체적 평가 방법

전체적인 평가란 말 그대로 그림의 구성 요소에 따른 구조적인 해석을 하기 전에 이루어지는 것으로, 그림의 전체적인 인상에 근거하여 피검자의 심리적인 특성에 대해서 해석하는 방법을 말한다. 예를 들어, 치료사가 그림을 처음 마주했을 때 그림이 공허해 보인다든지, 조화가 없어 보인다든지, 구조가 이상하다든지, 균형적이지 않고 불안해 보인다든지, 유령이 나올 것 같다든지 등의 인상을 받을 수 있다. 이러한 인상을 예민하게 느끼기 위해서는 치료사가 풍부한 공감능력과 직관력, 예민함, 많은 임상적 경험이 필요하고 이렇게 그림이 보여주는 인상을 느낄 때 그 안에서 환자 자신의 감정이나 욕구가 어느 정도 개입되었는지를 관찰하고 분별하는 능력 또한 중요하다. 이때 치료사가 주의할 점은 그림 실력에 끌리지 말아야 하며 한 가지 측면에만 초점을 두어서도 안 된다는 것이다.

치료사는 그림에 대한 인상주의적 해석만으로 피검자의 심리적 특성 혹은 상태를 정확히 이해할 수는 없고, 형식적 평가와 내용 분석이 함께 이뤄져야 하며 개인력과 환경, 현재 처한 상황에 대한 이해가 함께 되었을 때 보다 올바르고 정확한 전체적인 평가를 할 수 있게 된다는 것을 항상 유의해야 한다.

❷ 구조적 평가 방법

구조적 평가란 어느 부분부터 그리기 시작했는가 하는 순서와, 크기는 어떠한가, 공간의 어디에 위치하는가, 필압, 선의 질, 운동성, 대칭성, 원근법, 투명성, 생략, 왜곡, 지우기, 음영 등 어떻게 그림을 그렸는가와 같은 그림에서 나타나는 여러 가지 구조적인 요소들을 관찰함으로써 성격의 단면을 이해해가는 방법이다. 구조적 해석 시 유의할 점은 이러한 구조적 요소들의 특징들이 의미하는 것이 무엇인지, 그림의 전체적 인상과도 일치하는지, 면담자료, 임상적 관찰, 생활력, 다른 심리검사결과들과도 일관되는지에 근거하여 가설을 세워야 하며 일대일로 해석하면 안 된다는 것이다. 예를 들어 나무 그림 밑에 지평선과 같은 선을 그은 경우 '안정감에 대한 욕구가 있기 때문에, 내면적으로 불안정감을 느끼고 있을 수 있다'라는 가설을 세울 수 있지만 이 가설은 다른 임상자료를 함께 고려해야지, 그런 선을 그렸다고 하여 '이 아동은 내면적으로 불안정하다'라고 해석해서는 안 된다. 밑에 선을 그리는 것은 유치원과 같은 곳에서 배우거나 습관적으로 그냥 그릴 수도 있기 때문에, 이러한 것을 뒷받침할 수 있는 다른 임상자료들이 있는지 필히 확인해야 한다.

그림의 구조적 요소는 13가지 정도로 크게 구분할 수 있다. ① 어떻게 그림을 그려 나갔는가, ② 종이의 어느 위치에 그림을 그렸는가, ③ 그림의 크기는 적절한가, ④ 연필을 힘주어 눌러 그린 힘, 즉 필압이 얼마나 강하거나 약한가, ⑤ 선의 질이 어떠한가, ⑥ 그림의 세부적인 특징을 어떻게 묘사하였는가, ⑦ 그림의 대칭적인 측면을 강조했는가, ⑧ 그림을 그리다가 지운 적이 있다면 무엇을 지웠는가, ⑨ 눈이나 코, 또는 창문과 같은 그림의 일부분을 왜곡하거나 생략한 것이 있는가, ⑩ 뼈가 보이게 사람을 표현하는 등 투명성(transparency)이 보여졌는가, ⑪ 그림 속 대상이 움직임이 있는가, ⑫ 종이의 방향을 돌려가며 그렸는가, ⑬ 지시한 것 이외의 것들을 더 부가하였는가, 무엇을 더 그렸는가 등이다. 구조적 평가에 대한 자세한 사항은 각 검사의 해석지침에서 구체적인 소개를 서술하겠다.

❸ 내용적 평가 방법

그림에서 내용적 해석이란, 나무 그림에서 상흔이나 옹이, 과일이 떨어져 썩고 있는지, 그루터기가 있는지, 사람 그림에서 발, 눈, 입이 유난히 강조되었는지 등 정서적 분석의 사인을 참고로 하여 그림에서 가장 강조된 부분의 세부적인 특징을 다루는 것을 말하고, 이들 그림의 특징과 성격적인 면을 관련시켜서 평가하는 것이 내용적 평가이다. 형식적 평가와 비슷한 측면이 있지만 내용적 평가에서는 보다 두드러진 특징을 우선적으로 다루는 것이 중요하다. 그 상징에 대하여 연상되는 것이 있는지 질문을 통해 성격을 더욱 구체적으로 밝힐 수 있지만, 그 요소에 있어서는 개인의 가치와 특정 문화에만 의미를 두는 것도 있으므로 어떤 상징에 대한 보편적 의미와 의류의 사회문화적 의미, 개인의 상징적인 의미에 대한 나눔과 다른 임상검사, 개인력 및 일상생활 환경 등을 이해하고 단편적인 해석에 유의하여 왜곡되지 않은 평가를 해야 한다.

03

미술치료의 선과 상징의 분석

☐ 그림의 분석

미술치료에서 보이는 다양한 요소들을 일반적인 상징에 입각하여 일률적으로 경직된 해석을 하는 것은 치료에 있어서 위험한 요인이 될 수 있다. 가장 중요한 것은 그러한 요소들이 주는 의미는 무엇보다도 먼저 각 개인의 의도와 상황에 달려 있다는 것을 수용하고, 환자나 대상과의 대화를 통하여 그들이 표현한 상징 등의 의미를 파악하거나 재인식하는 것이다(Riedel, 1988).

Read(1988)는 그림을 통한 상징 언어가 회화 구성의 기본 소요인 형태, 선의 율동, 공간, 색채로 표현된다고 하였고 이와 관련하여 미술치료에서 대표적으로 적용되고 있는 상징은 공간상징, 색채상징, 선상징 등이 있다. 각각의 상징에 대한 의미를 들여다보면 다음과 같다.

1. 공간상징

공간상징에 관한 연구는 많은 학자들에 의해 다양하게 수행되고 있으며, 치료사의 관점에 따라 그 적용도 다르다고 할 수 있다. 그렇지만 공간이 지니는 상징성의 의미를 파악하게 되므로 그림을 분석하는 데 용이할 것이다. 즉, 공간상징에 대한 이해로 환자들(치료대상)의 작품세계를 파악하는 데 도움을 줄 수 있다. 여기서는 Bach(1995)의 공간 도식과 여러 공간 상징들을 분석하고 보완하여 여러 가지의 시각들을 종합적으로 내보인 Michel의 '공간상징 및 공간위치'에 따른 해석에 대하여 소개한다.

Bach의 공간도식과 상징에 따른 해석

−	+
+	+
−	+
−	−

Bach의 공간도식

⑴ ++: 현재 지금의 상태를 암시

⑵ --: ++ 방향과 반대되는 -- 방향에 있는 대상이나 길, 혹은 이쪽 방향으로 향하는 길의 경우 어둡고, 알려지지 않은 영역으로 나아가 길, 즉 악화되는 경향과 관계있다.

⑶ -+: 오른쪽 중앙을 지나서 왼쪽 위로 가는, 즉 서쪽방향으로 향하거나 그 부분에 그림이 그려질 때, 환자가 갖고 있던 문제가 점차로 삶과 결별하는 것을 암시한다. 삶에서 물러나며 영원하고 신비한 것에 대한 내적인 추구를 의미한다.

⑷ +-: 오른쪽 아래에 있는 +- 그림의 경우 미래의 가능성을 담고 있거나, 아직 또는 이미 치료한 범위에 있는 과거의 신체적 상태이거나, 심리적인 의식화에 다가가는 것을 상징한다.

⑸ 한가운데 부위나 한가운데 부위의 사물: 중심이 비어 있거나 채워지지 않은 경우 본인과 대상과의 관계성을 살펴볼 수 있다.

Michel의 '공간상징 및 공간위치'에 따른 해석

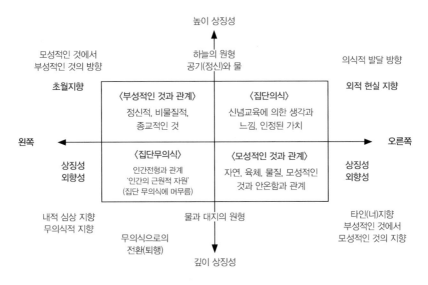

Michel의 공간상징

(1) 중앙에 위치: 안정되고 정상적인 사람, 정중앙에 위치할 경우 – 완고함(인간관계), 불안

(2) 왼쪽에 위치: 강한 자의식, 내향적 성향, 과거로의 퇴행, 여성적인 경향성

(3) 오른쪽에 위치: 미래 지향적, 과한 남성적 특징 및 남성에 대한 동일시

(4) 지면 위쪽에 위치: 목표를 위해 열심히 노력함, 높은 수준의 열망, 공상에서의 만족 및 부적합한 낙천주의

(5) 지면 아래쪽에 위치: 불안전감, 우울감, 부적합한 감정, 패배감 또는 오히려 반대로 안정되고 침착한 경우도 있음

⑥ 아래쪽 가장자리에 위치: 불안과 낮은 자존감으로 인하여 지지에 대한 욕구가 큰 경우, 독립된 행동에 대한 두려움, 의존경향, 새로운 경험에 대한 회피, 공상에 몰두, 우울경향성(선이 약한 경우)

⑦ 왼쪽 귀퉁이에 위치: 강한 불안, 퇴행, 새로운 일에 대한 회피

⑧ 지면 전체에 위치: 조증일 가능성(산만하게 그린 경우)

⑨ 지면 하단부에서의 절단: 성격의 통합에 있어 병적인 저지, 환경의 자주성에 대한 방해, 나무 그림에 많으며, 비행청소년일 경우, 현실에서 만족하지 못하여 공상을 통해 갖고자 하는 경우

2. 선의 상징

그림에 나타나는 선의 형태는 그리는 사람의 심리적 상태, 나아가 신체 상태까지 알 수 있다. Riedel(1988)은 선들의 조합은 현실성과 동등한 가치를 지닌 형태이며, 인간의 신체구조, 대지에서의 인간의 위치, 운동성과 관련이 있다고 본다. 이러한 의미에서 선에 대한 이해는 환자의 그림에 나타난 의미를 해석하는 데 중요한 도구가 된다.

선에 대한 심리해석은 다음과 같다(Koch, 1997; Riedel, 1988; Buck, 1948; Hammer, 1969; Jolls, 1964).

선에 대한 심리적 해석

(1) 그림 전체의 강한 선: 힘이 있는, 극도의 긴장 상태, 양가감정, 독단적, 공격적이거나 공격가능성의 경우

(2) 일부분만 강한 선의 경우: 그 부분에 대한 고착 혹은 그 상징에 대한 억압과 적의

(3) 윤곽선만 진한 경우: 성격상의 평형을 지속하기 곤란함

　　지면 선 강조 - 현실수준에서의 불안

　　인물화에서 윤곽선의 강조 - 만성정신분열증적 알코올 중독, 대인공포

(4) 극단적으로 약한 선의 경우: 자신감의 결여, 폐쇄적 사고

(5) 약한 불연속적인 스케치 선: 소심하고 자신을 잘 드러내지 않는 사람

(6) 확실하고 힘이 있고 중단되지 않은 윤곽선: 외부의 압력으로부터 자신을 지키고자 하는 강한 욕구

(7) 또렷하고 명확한 선: 자제력과 사고력

(8) 경직된 선: 긴장, 예민, 규율적인, 자제

(9) 격렬한 선: 난폭성

(10) 부드러운 선: 본능적, 감각적

(11) 끊어지거나 여러 번 그은 선: 불안

(12) 필압의 증가: 스트레스

(13) 건조한 선: 억제하는, 조심성이 많은, 건조한

(14) 엉킨 선: 절제되지 않은 강한 본능

(15) 넓은 선: 접촉을 쉽고 편하게 하는

(16) 너무 뻗치는 선: 심한 정신적인 긴장 상태

⑴7 약한 선: 허약한

⑴8 불규칙하거나 떨리는 선: 신경장애, 간혹 혈액순환문제

⑴9 막힘이 있는 선: 강한 본능의 억제 경향성

⑵0 윤곽이 없는(문지른) 선: 무의식적, 미비한 형상력

⑵1 더듬거리는 선: 불확실성, 예민성, 불안전, 억제, 민감한 반응, 주저

⑵2 구멍을 내는 선: 강인함, 지나친 골똘, 몰인정

⑵3 필압이 넓은 선: 의지력이 강한, 본능이 강한

⑵4 거침없는 선: 목적이 분명, 활기, 예민함의 결여

⑵5 힘 있고 거친 선: 암시적 효력을 지닌

⑵6 거친 선: 생명력이 있는 거침

Chapter 2

그림에 의한 평가기법

01

인물화 검사(DAP TEST)

　인물화 검사(DAP Test: Draw-A-Person Test)는 쉽고, 연령 상관없이 미술 소질과 무관하게 누구에게나 적용 가능하다는 것이 장점이다. 또한 인물화 DAP에 의한 진단검사는 다른 여러 투사검사 가운데 더 깊이 있는 무의식적 심리가 표현될 수 있고, 가장 기본이라고 말할 수 있는 그림 검사이다. 투사적 방법에 의한 성격행동진단검사 중 인물화를 택한 이유는 피검자의 내면세계, 즉 흥미 · 성격 · 인지능력 · 갈등 · 욕구 등에 대한 표현으로 가치 있는 평가를 받기 때문이다.

　인물화 검사는 1926년 Goodenough가 아동의 지능측정을 위한 심리검사 도구로 인물화 검사를 발표함으로써 그림과 지능의 관계를 규명했다. 1948년 Machover는 아동 · 청소년을 위한 투사적 성격검사로서 인물화 검사를 발전시켰다. 1966년 Koppitz는 인물화의 분석 및 발달에 따른 점수화 체제를 연구하여 Machover의 아동 · 청소년 대상의 인물화 검사를 성인을 대상으로도 사용할 수 있도록 발전시켰다.

인물화 검사는 아동의 그림을 포함한 인물화에 대한 임상적용과 관련된 대부분의 모든 연구에 주된 영향을 끼쳤다. Machover의 연구는 많은 임상가와 연구진에 의해 인용되어 오고 있다. 그의 개념은 정신분석적 사고에서 비롯된 것으로 다음과 같은 전제를 근거로 한다. "사람을 그려보세요." 라는 지시에 한 개인에 의해 그려진 사람은 그의 충동이나 불안, 갈등, 보상(compansation)과 밀접한 관련이 있는 사람이다. 이때 종이는 어떤 의미에서 그의 환경에 해당한다.

Machover가 가정했던 이러한 사실에서 분명히 알 수 있는 것은 인물화가 그린 사람의 갈등적 측면과 방어기제, 신경증, 정신병리 등을 나타내준다는 것이다. 인물화에서 단추나 주머니, 파이프와 같은 그림 속의 다른 세부사항, 혹은 특별한 상징적 의미에 관심을 가졌다. Machover는 그림의 요소요소에 대한 전체적 내용이나 형태가 그 사람이 매우 중요하게 생각하는 것이 무엇인가를 보여준다고 하였다. 그러나 Machover의 연구가 이러한 전제를 항상 뒷받침해 주지는 못했다. 또한 사람 그림에 나타나는 특징(선, 음영, 구도, 크기)이 신체부분이나 옷, 다른 세부사항들보다 더 믿을 수 있는 근거를 제공해 준다고 하였으나, 그의 인물화에 대한 전반적인 연구는 경험적 타당성이 밝혀지지 않은 단지 임상적 관찰만으로 이루어진 것이다.

Koppitz(1966)는 아동화에 관한 발달점수체계를 연구하였는데, 자아개념과 관련해 Machover의 의견과 일치하는 것으로 보인다. Koppitz는 아동이 그린 인물화는 누가 표현되었던지 간에 아동 심리 내면의 자기에 대한 심상을 반영하는 것이라고 하였다. Koppitz는 성격 평가에 관심을 가졌으나 오히려 그보다 아동화를 지능을 평가하는 도구로 연구하였다.

▌ 실시방법

1. 재료

A4용지, 4B연필, 지우개

2. 방법

(1) A4용지를 세로로 제시하고 전신의 사람을 그리라고 이야기한다. 사람은 막대사람으로 그리지 않도록 유의한다.

(2) 그림을 모두 다 그렸다면, 반대의 성을 가진 사람을 그리도록 이야기한다.

(3) 그림 속의 사람을 연상하도록 하고, 아래와 같은 질문을 실시한다.

3. 인물화검사(DAP) 질문지 아동용

- 그(녀)는 무엇을 하고 있나요?

- 그(녀)는 몇 살인가요?

- 그(녀)는 결혼을 했나요?

- 그(녀)는 자녀가 있나요?(아들인가요, 딸인가요?)

- 그(녀)의 직업은 무엇인가요?

- 그(녀)의 학교에서의 성적은 어떤가요?

- 그(녀)의 소망은 무엇인가요?

- 그(녀)는 어떤 면에서 뛰어난가요?

- 어느 정도로 건강한가요?

- 그(녀)는 얼마나 잘생겼나요?

- 그(녀)의 신체 중에서 가장 좋은 부분은 어디인가요?

- 그(녀)의 신체 중에서 가장 나쁜 부분은 어디인가요?

- 그(녀)는 얼마나 행복한가요?

- 그(녀)는 무엇을 걱정하고 있나요?

- 그(녀)는 언제 흥분하게 되나요?

- 그(녀)는 어떤 신경질적 습관을 갖고 있나요?

- 그(녀)의 나쁜 습관 중 3가지는 무엇인가요?

- 그(녀)의 장점은 무엇인가요?

- 그(녀)는 친구가 많나요?

  그보다 나이가 많은 친구인가요?

  그보다 나이가 어린 친구인가요?

- 사람들은 그(녀)에 관해 무슨 이야기를 하나요?

- 그(녀)는 그(녀)의 가족과 얼마나 즐겁게 지내나요?

- 그(녀)는 학교를 얼마나 좋아하나요?

- 그(녀)는 소년(녀)들과 얼마나 자주 외출하나요?

- 그(녀)는 어떤 때가 즐거웠다고 기억하나요?

- 그(녀)는 어떤 형의 소녀(소년)와 결혼하나요?

- 그(녀)의 중요한 소원 3가지는 무엇인가요?

- 그(녀)는 당신에게 누구를 생각나게 하나요?

- 그(녀)와 같이 되고 싶나요?

- 덧붙이고 싶은 것이 있으면 무엇이든 기록하여 주십시오.

4. 인물화검사(DAP) 질문지 성인용

- 그(녀)는 무엇을 하고 있나요?

- 그(녀)는 몇 살인가요?

- 그(녀)는 결혼했나요?

- 그(녀)의 자녀는 몇 명인가요?(아들인가요, 딸인가요?)

- 그(녀)는 누구와 함께 살고 있나요?

- 그(녀)는 그의 어머니를 좋아하나요, 아버지를 좋아하나요?

- 그(녀)는 형제, 자매가 있나요?

- 그(녀)가 하고 있는 일은 어떤 종류의 일인가요?

- 그(녀)는 학력이 어느 정도인가요?

- 그(녀)의 소망은 무엇인가요?

- 그(녀)는 어떤 면에서 뛰어난가요?

- 그(녀)는 어떤 면에서 강한가요?

- 그(녀)는 어느 정도 건강한가요?

- 그(녀)는 잘생겼나요?

- 그(녀)의 신체 중 가장 좋은 부분은 어디인가요?

- 그(녀)의 신체 중 가장 나쁜 부분은 어디인가요?

- 그(녀)는 예민한 사람인가요?

- 대개 그(녀)는 마음속으로 무슨 생각을 하고 있나요?

- 그(녀)는 어떤 두려움이 있나요?

- 그(녀)는 어떤 일에 대해 슬퍼하나요?

- 무엇이 그(녀)를 화나게 만드나요?

- 그(녀)의 중요한 소원 세 가지는 무엇인가요?

- 그(녀)의 장점은 무엇인가요?

- 그(녀)의 단점은 무엇인가요?

- 그(녀)는 혼자 있기를 좋아하나요? 사람들 사이에 있기를 좋아하나요?

- 사람들은 그(녀)에 대해 어떤 이야기를 하나요?

- 그(녀)는 의심이 많은 사람인가요?

- 그(녀)는 배우자와 어떻게 지내나요?(만일 미혼이라면 부모)

- 그(녀)는 별거한 적이 있나요?

- 그(녀)는 외도한 적이 있나요?

- 그(녀)의 배우자는 외도한 경험이 있나요?

- 그(녀)는 배우자에 대하여 성적으로 어떻게 생각하나요?

- 최초의 성경험은 언제인가요?

- 미혼이면: 꾸준히 사귀는 이성이 있나요?

- 그(녀)는 결혼을 원하나요?

- 그(녀)는 어떤 종류의 이성을 원하나요?

- 그(녀)는 이성과의 성관계 경험이 있나요?

- 그(녀)에게 이성이 접근했던 경험이 있나요?

- 그(녀)는 얼마나 자주 마스터베이션을 하나요?

- 그(녀)는 마스터베이션에 관해 어떻게 생각하고 있나요?

- 그(녀)는 당신으로 하여금 누구를 생각나게 하나요?

- 당신은 그와 같아지고 싶나요?

※ 피검자에게 직접 해야 하는 질문
- 당신의 신체 중에서 가장 싫은 부분은 어디인가요?

- 당신의 신체 중에서 가장 좋은 부분은 어디인가요?
- 당신의 장점은 무엇인가요?
- 당신의 단점은 무엇인가요?

❷ 인물화 검사의 해석지침

무의식의 심리적 현상을 드러낼 수 있기 때문에 제일 기본인 그림 검사라고 볼 수 있다. 인물을 그릴 때 대부분의 사람들은, 자신과 매우 가까운 대상이나 자신을 표현하는 경우가 많다. 인물화 검사는 최대한 그리는 사람의 자유를 보장하여 자기상과 이상적인 자신에 대한 존재가 일치하도록 해야 한다. 인물화를 그릴 때는 잘 그리고 못 그리는 것은 그다지 중요하지 않다. 더불어 묘사된 인물의 부분별 특징보다 각각의 신체 부분들의 관계가 더 중요하다. 팔, 다리 등 각각의 신체 부분들의 비율이 정확하게 조화되어 있는지, 남자와 여자의 모습이 보이는 차이 등을 고려하여 해석해야 한다.

1. 처음에 그리는 성

대부분 그리는 사람과 동일한 성의 인물을 먼저 그린다. 이성 인물이 먼저 그려지는 경우에는 이성에 대하여 성적 관심이 강한 사람, 성역할 혼란의 가능성, 때로 동성애의 가능성이 있는 경우도 있다. 이성부모를 향한 강한 애착 및 의존 또는 이성에 대한 강한 애착 및 의존의 표현이기도 하다.

2. 인물화의 크기

인물화의 크기는 그림을 그린 사람의 활동성 및 자존심 등을 의미한다. 종이의 크기와 비교한 상대적 그림의 크기는, 피검자와 그를 둘러싸고 있는 환경과의 관계를 시사한다. 인물이 작게 그려졌을 경우 스스로를 작게 느끼고 위축되어 있으며, 환경의 기대에 대한 열등감과 부족을 느끼고 있을 가능성이 있다. 반대로 인물이 종이를 가득 채울 정도로 크게 그려진 것은 공격적 태도로 주변의 환경과 관계를 맺을 경우, 우월한 자아상을 보이는 경우 그려지는 형태이다. 혹은 열등감으로 인한 자기 확장의 욕구로 크게 그려지기도 한다. 표현된 인물이 자아상이 아닌 이상적인 자아 혹은 부모상으로도 그려지기도 한다. 그림에 부모상이 투사되는 경우 크게 그려진 인물은 능력이 있고 강하며 의지할 수 있는 대상으로 나타난 것이다. 경우에 따라서 공격적이고 위협적인 부모상이 반영되기도 한다.

3. 그림의 위치

인물이 종이의 중앙보다 위쪽에 위치하는 경우 불안정한 자아와 연관되어 있다. 종이의 왼쪽에 위치하면 자아 의식적이며, 내향적인 성향을 나타낸다. 중앙보다 아래에 위치하는 경우 보다 안정된 상태, 우울감 그리고 패배감 등을 나타낸다. 적절하게 중앙에 위치한 인물은 긍정적 자아중심적인 성향과 관계가 있다.

4. 생략과 왜곡

신체 부분이 왜곡, 생략되어 있거나 신체의 어느 부분이 과장되어 강조되거나 흐린 모습으로 표현되었을 때는 심리적인 갈등이 있음을 나타낸다. 신체의 일부를 과장하여 그릴 때는 그 특정 부분의 기능에 불만족하고 있거나 집착하고 있음을 의미한다. 신체의 내부를 투명하게 나타내는 것은 현실 검증의 장애, 현실에 대한 왜곡 그리고 정신장애가 있음을 뜻한다는 의견도 있다. 또한 신체의 부분적인 생략의 경우 죄의식의 표현으로서 들키고 싶지 않은 마음과 관계있다. 특정 신체부위의 표현을 거부하는 것은 집착 · 불안 · 죄의식을 나타낸다고 볼 수 있다. 각 신체 부분이 상징하는 것은 다음과 같다.

(1) 머리

머리는 상징적으로 지적능력의 원천으로 자아의 근원이며, 공상과 사회적 관심, 충동 및 정서적 통제를 나타낸다. 모자를 쓰거나 머리를 가리는 경우 자신감의 부족 또는 현실세계에 대한 회피를 반영한다. 머리를 지나치게 크게 강조하는 것은 과도한 지적욕구에 대한 불안, 보상심리를 반영한다. 6세 이하의 아동이 머리를 크게 그리는 것은 문제현상이 아니며 인지, 정서, 성숙의 수준을 반영하므로 지나친 해석에 유의해야 한다. 지나치게 작게 그린 경우는 강박 성향이 있거나, 죄책감에 대한 부정, 수동성, 열등감, 나약한 자아의 반영일 수 있다. 머리의 윤곽선을 강조한 경우는 대인관계의 어려움을 예측할 수 있다. 머리카락은 성적행동력에 대한 추구를 상징하며, 지나치게 강조되면 성적 부적감의 표현으로 보인다. 웨이브가 있고 매력적인 머리카락은 정교한 자아도취로 드러난다. 반면 머리카락이 없는 경우는 신체 활력이 떨어졌음을 나타낸다.

(2) 얼굴

얼굴은 상징적으로 개인이 현실세계와 어떻게 접촉하는지를 나타낸다. 얼굴이 생략되고 인물의 나머지 부분이 부적절하게 표현된 것은 개인 상호 간의 관계가 명확치 않고 피상적인 것을 뜻한다. 얼굴의 형태가 흐릿하거나 특히 측면일 경우 철회 및 회피의 경향을 나타낸다. 반면 지나친 얼굴의 강조는 부적절함과 약함을 공격적으로 보상하려는 표현이다. 정면을 향한 얼굴로 윤곽선이 진하고 얼굴의 내부가 연하게 표현된 것은 사회적 활동에 참가하려는 강한 욕구를 지니고 있으나 실제로는 수줍음을 타는 소심한 사람으로서 자의식이 강한 사람이다.

(3) 눈

눈을 크게 그리거나 강조되어 있으며 한 곳을 집중해서 바라보는 모습으로 그려질 때는 대체적으로 망상을 지니고 있을 때이다. 눈에 띄게 매우 크게 그린 눈은 의심과 불안함을 의미한다. 작거나 눈을 감고 있는 모습으로 그렸다면, 내향적 성향과 자기도취를 나타낸다. 얼굴 중앙에 그려진 하나의 눈은 다른 사람이나 의미 있는 사람에 대한 과도한 관심과 경계심을 나타낸다.

(4) 귀

귀는 크기와 모양의 왜곡이 중요하며 망상과 연관이 있다. 지나치게 크게 그려진 귀는 청각장애의 가능성이나 타인에 대한 민감성 등을 보여준다.

(5) 코

코를 성기로 해석하는 경우가 있다. 코가 다른 부위보다 지나치게 강조되어 그려진 경우 성과 관련된 두려움, 거세에 대한 두려움을 상징한다고 보는 견해도 있다.

(6) 입

입을 강조하면 유아기로의 퇴행 경향을 시사한다. 반면에 입을 생략하면 우울한 상태이거나 말로서 타인과 소통하는 것에 갈등이 있음을 보여준다. 특히 입을 강조하는 것은 성적 욕구가 높거나 성적인 면에 많은 관심을 가지고 있는 것으로 보인다.

(7) 턱

턱은 사회적 · 보편적으로 힘과 주도권 등을 상징하고, 턱을 강조하면 강한 지배 욕구, 공격적인 성향, 무력감에 대한 보상 심리로 추측할 수 있다.

(8) 목

목은 머리의 지적 혹은 통제력의 영역과 몸통의 감정적 혹은 충동적 영역을 연결하는 기관으로서 상징적으로 충동통제와 관련되어 있다. 가늘고 긴 목은 교양이 있고, 사회적으로 융통성이 없고, 지나치게 도덕적일 경향성의 표현일 수 있다. 아주 굵고 짧은 목은 난폭하고 완고하며, 저돌적인 경향성을 보여준다. 또한 목을 그리지 않은 것은 정서의 미숙함을 나타낸다.

(9) 어깨

신체적 힘에 대한 욕구와 관련 있고, 각이 진 어깨의 경우 공격적이며 적대적인 것을 나타낸다. 어깨가 불확실하게 그려진 것은 신체 발달에 대한 충동을 나타낸다.

(10) 몸통

몸통은 기본적인 충동 및 욕구 등과 관련되며 있으며, 성장과 퇴행, 활동 잠재력의 발달과 관련되어 있다. 둥근 몸통은 수동적이며, 덜 적대적이고, 퇴행적인 성격을 나타낸다. 각이 진 몸통은 남성적인 성격을 나타낸다. 작은 몸통의 경우 열등감, 충동성의 부인 등을 나타낸다.

(11) 팔

팔이 몸과 밀접할수록 수동적이거나 방어적이며 몸의 바깥으로 향해 있으면 외부로 향한 공격적인 성향을 보여준다.

(12) 손

아주 큰 손은 공격성을 나타내며, 손이 생략된 경우에는 현실에의 접촉에서 어려움을 겪고 있거나 죄책감을 느끼고 있을 가능성을 의미한다. 강조된 손의 경우 불충분한 현실 접촉에 대한 보상적 시도이거나 열등감을 보상받으려는 의도를 반영한다. 또한 손이 희미하게 그려진 경우 대인관계와 조정 행동에서의 불안을 나타낸다. 주먹을 쥐고 있는 손을 그렸다면 공격성이 억제되어 있음을 나타낸다.

(13) 다리, 발

사회적인 갈등이 나타나는 부분으로 다리를 저는 아이들의 경우 다리를 생략하거나 의자에 앉아 있는 모습으로 그린다. 성적으로 문제를 겪은 아이의 경우는 허리 아랫부분을 그리려고 하지 않는다. 발을 작게 그리는 것은 안정되지 못한 불안한 심리를 나타내며, 지나치게 벌어진 다리의 표현도 마찬가지이다. 다리를 벌린 각도가 10° 정도이면, 안정된 정서 상태로 볼 수 있고, 각도가 커질수록 불안정한 감정을 나타낸다. 긴 다리는 본인의 자율성에 대한 욕구, 뒤쪽을 향해 있는 발의 경우 환경에 대한 두려움을 표현한 것이다. 작은 발 특히 가느다란 발은 불안정감 · 의존성 · 위축과, 다양한 정신적 · 신체적 상태들과 관련된다. 발을 그리지 않는 것은 도피를 의미한다.

5. 자세

인물이 활발한 움직임을 나타내는 경우 운동에 대한 충동, 정서 장애, 불안정한 상태 등을 보여준다. 자세가 엄격하고 굳어 있어 움직임이 적은 경우에는 강박적인 억제를 나타내며, 깊이 억압된 불안이 마음속에 있음을 보여준다. 앉아 있거나 기대고 있는 경우는 활동력이 약하고, 정서적으로는 메마른 상태를 표현한다. 인물화의 자세는 자기관념과 관계있다. 즉, 난폭한 움직임은 공격적이고 자기주장적인 자기개념과 연관, 옆모습은 회피 성향과 관계의 유보, 편집적인 경향, 몸은 정면이고 얼굴은 옆모습이면 자기정체성에 대한 양가감정, 벽이나 나무 등에 기대는 것은 자기불확실성에 대한 불안감과 우울감 및 대인관계의 수동적 태도와 관련이 있다.

6. 의복

인물에 비하여 너무 크게 표현된 옷은 자기모멸감이나 옷의 부적합성을 나타낸다. 옷의 속이 비쳐 보이는 경우는 성적인 것을, 단추는 배꼽 혹은 어머니의 젖꼭지를 상징하며 모성의존을 나타낸다. 가슴 위치의 주머니는 유아적이고 의존적인 성향에서 나타난다. 넥타이는 청소년 후기와 성인에 이르기까지에 흔히 나타나는 표현으로 남성성을 나타내며 남근을 상징하기도 한다. 강조된 신발의 경우 안정 욕구를 담고 있다. 모자는 외부환경에 대한 적응반응과 연관 있는 상징이며, 가면 혹은 두건 등은 외부환경에 대한 부적응 및 경계심의 반영을 나타낸다.

❸ 인물화 검사의 사례

김○경, F/7

얼굴을 가장 먼저 그리고 안에 눈, 코, 입, 머리카락의 순서로 그림을 그렸다. 그림을 그릴 때 지우개를 많이 사용하였고, 집중해서 그리지 못하고, 산만하게 그림을 그렸다. 또한 얼굴만 그리고, 몸을 그리는 것은 거부하였다. 이 사람은 본인과 제일 친한 친구로 구슬치기와 축구를 같이 한다고 말했다. 몸통을 그리는 것을 거부하는 것은 굉장히 특이한 사항으로 유아의 경우를 제외하고는 대부분 몸통을 그린다. 따라서 발달적 측면에서 보았을 때 정서 · 신체적 발달지연의 측면이 보이기도 한다.

오○서, F/7

얼굴 → 앞머리 → 머리핀 → 머리카락 → 눈 → 속눈썹 → 코 → 입 → 목 → 몸 → 팔과 손 → 단추 → 치마 → 다리와 발의 순서로 그림을 그렸다. 지우개는 한 번도 사용하지 않았으며, 그림 완성 후 누구를 그렸냐는 질문에 자신을 그렸 다고 하였다. 이 아동의 부모에 의하면, 2년 전 사람 그림을 그릴 때는 손을 그리 지 않았고, 몸은 각이 지게 그렸다고 한다. 그 당시 아동은 자신감이 많이 결여된 상태였으며, 엄마보다 주말에만 보는 아빠와 더 친밀감이 높았다고 한다. 검사지 위쪽에 사람을 치우쳐 그린 것을 보아 아동이 위축되어 있는 것을 볼 수 있으며 이것은 엄마의 일에 대한 스트레스가 아이에게 작용한 것으로 보인다. 그림이 위 쪽에 치우친 것은 높은 목표에 도달하려고 하며, 자기존재에 대한 불확실한 느낌 을 가질 때 나타난다.

강ㅇ진, F/8

다문화가정 환경에 있으며, 왼쪽 그림은 엄마(베트남인)를 그린 것이라고 하였다. 엄마는 친절하고 뭐든지 사주시며 항상 고맙다고 하였다. 엄마를 사랑하며, 나중에 엄마 고향에 가고 싶다고 말하였다. 여자를 그린 그림의 경우 팔이 그려지지 않았다. 팔은 자신이 원하는 일과 타인과의 관계에 대한 욕구, 환경과의 접촉을 시도하는 신체로 팔이 표현되지 않았다는 것은 또래 혹은 타인과의 관계에서 어려움을 겪는 것으로 볼 수 있다.

오른쪽 그림은 아빠를 그린 것으로 아빠는 항상 늦게 오시고, 우리 가족을 위해 열심히 일하신다고 하였다. 항상 양복을 입고 가방을 가지고 다니신다고 하며 멋있다고 하였다. 여자와 남자 모두 의복에 무늬를 넣고 장식하는 것에 치중한 것으로 보아 타인에게 보이는 것에 신경을 쓰고, 유아적인 성향을 가진 것으로 보인다.

다시 한 번 우리 가족과 엄마 고향인 베트남을 꼭 가고 싶다고 말하면서 강조하였다. 이는 엄마에 대한 애착과 현재 자신의 환경에서 적응하지 못하고 엄마의 고향으로 가면 지금보다 더 나아질 것을 기대하는 것을 암시한다.

조○혁, M/25

그림 속의 남자는 20대 중반이며 못마땅하게 사람을 바라보고 서 있는 모습이고, 기분이 좋지 않고 화가 나 있다고 하였다. 이 남성에 대해 이야기할 때, 본인의 모습을 투사시켜 이야기하는 모습을 보이며 남성을 먼저 그린 후 여성을 표현하였다. 이 남성은 집에서는 말이 없고 팔짱을 끼고 있는 자세에서 보이는 것처럼 소극적이나 친구는 많다고 하였다. 타인은 이 남자에 대해 다혈질, 기분파, 감정기복이 심하다고 얘기한다고 하였다.

그림 속의 여성은 30대 초반이며 화가 난 남자를 지켜보고 있는 모습이라고 하였다. 이 여자는 남자가 왜 화가 났는지 알고 싶어 하고, 안타까운 눈으로 바라보고 있다고 하였다. 그리고 마음이 따뜻하고 착하고 부드러운 사람이라고 하며, 여자를 그리면서 자신의 이상형을 떠올렸고 따뜻하게 안아주는 모습을 그려 넣고 싶다고 하였다. 이는 어머니를 투사시켜 표현된 것으로 보이며, 엄마가 가정 내에서 뒷짐을 지고 소극적인 자세를 취하지만 어머니의 따뜻한 애정을 갈구하는 모습을 그린 것으로 보인다.

김○민, M/21

필압이 굉장히 약하고, 눈앞에 보이는 사람을 그대로 그린 것이라고 하였다. 남성보다 여성을 먼저 표현하였고, 여자는 손과 발이 없고, 현실접촉에 어려움을 보이며, 도피의 경향을 보인다. 유난히 큰 눈은 불안해 보인다. 여자, 남자 그림에서 모두 목이 그려지지 않은 것으로 보아 정서적으로 미숙한 것을 알 수 있다. 또한 남자의 모습은 맞은편에 앉아 있는 사람을 그린 것이라고 하며, 발을 그리지 않았다. 이는 현재 본인이 처해 있는 환경에서 불안함을 느끼고, 안정되어 있지 않은 것을 나타낸다. 남자의 눈은 굉장히 작고, 내향적인 성향이 드러난 것으로 보인다. 이 남성은 감정표현이나 본인을 드러내기를 부담스러워하고, 치료사에게 이야기를 하고 싶다며 고민하고 있는 것과 앓고 있는 병에 대해 괴로움을 호소하였고 자살시도를 했던 방법과 과정을 덤덤하게 남의 이야기를 하듯 자세히 설명하였다.

정○연, M/23

3개월 전 우울증 진단을 받았으며, 필압이 약하고, 짧은 선을 이어 인물을 그렸다. 이 남성은 남자를 먼저 그리고, 여성을 그렸다. 그림 속의 남자는 30세의 무대감독이며 사람들을 지휘 중이라고 하였다. 그림 속 사람의 자세를 보면, 굉장히 경직되어 있다. 리더가 되고 싶어 하지만 정작 적극적으로 임하는 자세를 갖추고 있지 못함을 나타낸다. 머리카락을 강조하고 싶었지만, 본인 마음대로 되지 않았다며 아쉬움을 표했다. 본인의 미래의 모습이며, 따뜻한 리더가 되고 싶다고 하였다.

여자 그림은 본인의 여자 친구를 떠올리며 그렸다고 하였다. 여자는 남자보다 작게 그렸으며, 여자는 웃는 얼굴로 표현하고, 행복하고 낙천적이라고 하였다. 여자 친구 옆에 본인을 그려 넣고 싶었지만 그리지 못해 아쉽다고 하였다. 여자 친구를 굉장히 아끼고 있었으며, 남성과 여성 모두 머리카락을 강조한 것으로 보아 성적으로 많은 관심을 가지고 있음을 나타낸다.

이○석, M/37

이 남성의 경우는 여자 그림을 먼저 그렸으며 남자 그림보다 유난히 공을 들였다. 그림 속의 여자는 20세이고 남자친구를 만나서 기분이 좋고 수줍게 인사를 하는 모습이라고 하였다. 눈을 제일 먼저 그렸으며, 입술을 여러 번 지우고 다시 그렸다. 이는 이 남성이 가지는 여성에 대한 이상형이 드러나 보인다. 눈은 크고 예쁘게 표현하였고, 팔 하나는 뒷짐을 지고 있는 것으로 그려, 수줍은 여성을 표현하였다.

　남자 그림을 보면, 여자 그림과 동일한 자세가 표현되었다. 차이점은 여자 그림은 팔이 몸통과 붙어 있고 온전히 손이 보이지 않고, 남자 그림은 손이 보이고 몸에서 떨어져 있다는 것이다. 이는 여성은 수동적으로 남성은 공격적으로 표현한 것을 나타낸다. 남자 사람의 눈은 매섭게 표현되었고, 표정이 경직되어 보인다. 남자는 씩씩하고 늠름하게, 여자는 여성스럽게 생각하며 그려 본인이 생각하는 성 역할과 남성성·여성성에 대한 개념이 뚜렷한 것으로 보인다.

02
· · ·

집 - 나무 - 사람 그림 검사(HTP TEST)

집 - 나무 - 사람 검사(HTP Test: House-Tree-Person Test)는 1948년 정신분석가 벅(Buck)에 의해 프로이드의 정신분석학을 토대로 개발되었다. 따라서 투사적인 면을 강조하고 있으며, 그림을 그린 사람의 성격, 발달, 융통성, 성숙도 등의 통합 정도와, 환경과의 상호작용, 현실에서 주어지는 문제해결능력 등과 관련된 정보를 효과적으로 파악할 수 있다. 집, 나무, 사람은 어렸을 때부터 매우 일상적으로 접하는 대상물로서 친밀감의 측면에서 가장 좋은 소재라고 할 수 있다. 따라서 모든 연령의 대상자가 자유롭게 그릴 수 있으며, 억제된 정서를 표현할 수 있다. 특히 아동에게는 본 검사를 통해 언어보다 솔직하고 자유로운 표현이 가능하므로 유용하다. 그림을 해석함에 있어서는 연령에 따라 다르게 적용해야 하고, 현재 환자가 겪고 있는 문제와 개인적인 이력 등을 고려하여야 한다.

❶ 실시방법

1. 재료

A4용지, 4B연필, 지우개

2. 방법

(1) 4장의 A4 검사지의 오른쪽 윗부분에 검사 시작 전 미리 작고 흐린 글씨로 1~4까지의 번호를 적어둔다.

(2) 한 장의 종이에 각각 하나씩 총 4장의 그림을 그리도록 이야기한다.

(3) 1의 종이를 가로로 제시하면서 "이 종이 위에 집 그림을 그리십시오"라고 지시한다.

(4) 집 그림이 끝나면 2번 종이를 세로로 제시하며 "나무를 하나 그려보세요"라고 지시한다.

(5) 나무 그림이 끝난 뒤 3번의 종이를 세로로 제시하며 "이번에는 사람을 한 명 그려보세요. 얼굴만이 아니고 전신을 그리세요"라고 말한다. 인물화가 끝나고 나면, 그 그림이 남자인지, 여자인지 질문하며 3번의 아래에 기입한다. 그리고 4번의 종이를 세로로 제시하여 3번에서 그린 것과 반대의 성을 그리도록 이야기한다.

(6) 그림을 다 그리고 난 후 그림에 대한 질문을 하여 기록한다.

※ HTP 검사에서 표현한 것의 독특한 의미를 파악하는 데 있어 질문은 매우 중요한 역할을 한다. 다음은 HTP 검사를 실시한 후 일반적으로 사용하는 질문사항들이다. 모든 피험자들에게 다음과 같은 질문을

하는 것은 실제적으로 곤란하지만 해석의 단서를 얻기 위해서는 불가피하다. 그러므로 가능한 한 질문에 대한 답을 얻는 것이 좋다.

3. 집 그림

- 이 집은 누구의 집인가요?
- 이 집은 서울에 있는 집인가요? 시골에 있는 집인가요?
- 이 집 근처에 다른 집도 있나요?
- 이 그림의 경우 날씨는 어떤가요?
- 이 집은 ○○에게서 멀리 있는 집인가요? 가까이 있는 집인가요?
- 이 집에 누가 살고 있나요?
- 누구와 이 집에서 살고 싶나요? .
- 이 집은 무엇으로 만들어졌나요?
- 이 집의 가정은 어떤 가정인가요? 따뜻한 가정인가요? 사랑이 있는 가정인가요?

4. 나무 그림

- 이 나무는 어떤 나무인가요?
  (확실하지 않을 때는 잎이 넓은 나뭇잎인가요? 뾰족한 나뭇잎인가요?)
- 이 나무는 몇 살인가요?
- 이 나무는 죽어 있을까요? 살아 있는 나무인가요?
- 한 개의 나무만 있나요? 숲속에 있는 나무인가요?
- 이 나무의 건강은 어떠한가요?
- 이 나무 주변에는 어떤 것들이 있나요?

- 이 나무가 하고 싶은 것은 무엇인가요?

- 나중에 이 나무는 어떻게 될까요?

- 나무를 그리면서 생각나는 사람은 누구인가요?

- (상흔 등이 있다면) 이것은 무엇인가요? 어떻게 해서 생겼나요?

5. 인물화(남녀 각각의 인물화에 대하여)

- 이 사람은 누구인가요?

- 이 사람의 나이는 몇 살인가요?

- 결혼했나요? 결혼했다면 가족은 몇 명인가요?

- 이 사람은 친구들이 많을까요? 적을까요? 어떤 친구들이 있나요?

- 이 사람은 무얼 하는 사람인가요?

- 이 사람의 기분은 어떠한가요?

- 지금 이 사람은 무엇을 생각하고 있나요?

- 이 사람은 건강한 사람인가요? 약한 사람인가요?

- 이 사람이 하고 싶은 것이 있다면 무엇인가요?

- 나중에 이 사람은 어떻게 될 것 같나요?

- (그림에서 이해하기 어려운 부분에 대하여) 이것은 무엇인가요? 왜 그렸나요?

② 집 - 나무 - 사람 검사 해석지침

그림의 해석은 전체적인 평가와 형태적 분석, 내용적 분석으로 구분하여 진행한다. 먼저 전체적인 평가는 그림의 전체적인 분위기, 조화, 구조, 부분적인 요소 등을 바탕으로 사회적인 관계나 신체에 대한 왜곡, 적응력 등을 파악해야 한다. 형태적 분석은 그림을 그려 나가는 순서, 크기, 위치, 음영, 지우개의 사용 정도, 운동성, 그림의 필압 등을 통해 성격을 파악한다. 내용적인 분석에서는 어떻게 그렸는지가 아니라 무엇을 그렸는지가 중요하게 다루어지며 그림에서 표현된 특징적인 신호는 무엇인지를 살펴볼 필요가 있다.

집 그림의 경우, 집 및 지붕의 형태, 벽장식의 세밀성, 문 및 손잡이의 유무, 창문의 크기, 커튼 유무, 창의 투명성, 굴뚝과 연기의 유무, 울타리의 형태 및 높이, 길의 유무 및 모양, 전체와 집 그림의 조화를 관찰한다.

나무 그림의 경우, 가지는 줄기와 나무와의 조화성을 보고, 뿌리는 튼튼한지, 잎은 많은지, 종이의 유무와 전체 나무의 완전한 정도 등을 관찰한다.

사람 그림의 경우, 팔과 다리 등 신체상의 크기와, 눈, 팔, 손, 인물상의 크기와 배치, 신체 내부의 완성도, 전체 그림의 조화성과 필압, 음영, 여백 등을 관찰한다.

1. 순서

그림의 순서는 집, 나무, 사람을 전체적인 맥락에서 다른 그림과 비교하는 것과, 한 그림 내에서 부분들이 그려지는 순서를 보고 분석해야 한다. 집 그림에서는 지붕, 벽, 문, 창문 순서로 그리는 사람이, 인물화는 얼굴 내부를 가장 먼저 그리고 윤곽선을 나중에서야 그리거나, 인물의 얼굴을 가장 나중에 그리는 사람이 대인관계에 문제를 보이고, 타인과의 정서적 접촉을 꺼림을 나타낸다.

2. 크기

그림이 현저하게 크다면, 공격적 경향, 사치스러우며 과장된 성향을 나타낸다. 반면 현저하게 작으면, 열등감·무능력감, 혹은 부적절한 감정을 의미한다.

3. 위치

종이의 정중앙에 그릴 경우는 불안전감과 완고함, 특히 대인관계의 완고함을 나타낸다. 종이 윗부분에 그릴 경우는 높은 수준의 포부(어려운 목표를 향해 열심히 노력함)를 의미하지만, 종종 부적합한 낙천주의를 나타내기도 한다. 종이 아랫부분에 그리는 것은 불안정감 혹은 우울증적 경향, 패배주의적 태도, 부적합한 감정과 관련되어 있다.

4. 필압

필압은 그림의 크기와 마찬가지로 에너지의 수준을 나타낸다. 아동의 경우 그림에서 필압이 강하면 자신감이 있는 아동이며, 필압이 약한 경우 지능이 낮거나 억제가 많은 아동이다. 필압에 있어서 강약의 변화가 적당한 것은 유연한 태도를 가지고 외부 세계에 적응을 잘하고 있음을 나타낸다. 전체적으로 강한 선으로 표현된 경우는 극도의 긴장 상태를 나타내며, 특정한 부분이 진하게 그려진 것은 그 부분에 대한 고착이나 억압, 적의를 나타낸다. 강한 필압은 자신감을 의미하며, 매우 약한 필압은 적응에서 어려움을 겪고 있는 상태를 의미한다.

5. 운필

가로선을 많이 그려 수평적인 운동을 강조한 그림은 약함 혹은 두려움이 많다는 것을 보여주고, 자기방어적 경향성을 나타낸다. 반면 수직적 운동을 강조한 그림의 경우, 남성적인 독단력과 결단력, 과잉행동이 나타날 가능성을 보여준다. 곡선을 강조한 것은 건강한 성격이며, 관습에 얽매이지 않음을 나타낸다. 또한 딱딱한 선을 강조하면 완고하거나 공격적인 경향성을 나타낸다.

6. 지우기

적당히 지우개를 사용하는 사람은 가소성과 순응성이 있으나 매우 지나치게 사용할 때는 불안감, 우유부단함, 자신에 대한 불만, 불확실성 등을 나타낸다. 그림이 불완전하지만 다시 그리려고 하지 않는 것은 비정상적인 거부반응이고, 어느 부분을 지우는 것은 그 부분에 대한 갈등을 나타낸다.

7. 방향

피험자의 환경에 대한 태도 및 감정, 대인관계 방식 등을 파악할 수 있다. 모든 그림이 정면을 향하도록 그린 것은 경직성이 있어 타협되지 않는 것을 나타내며, 측면으로 서 있는 인물화는 도피적인 경향을 나타낸다. 정면으로 그린 몸체에 옆얼굴을 그린 것은 사회접촉을 피하고, 부정직한 경향이 있음을 나타낸다. 집 그림이 한쪽 면만 그려져 있고 문을 그리지 않은 것, 인물을 완전히 옆모습으로 팔, 다리도 하나만 그린 것은 환경에 직면하는 것을 두려워하는 것으로 자기폐쇄적인 경향을 나타낸다.

8. 세부묘사

그림에 상세하게 표현되는 여부에 따라 일상생활에서의 실제적인 부분을 의식하고 처리해나가는 능력과 관계가 있다. 일반적인 지능을 가지고 있는 사람이 필수 구성요소를 그리지 않고 생략하는 것은 지적 붕괴가 시작되고 있거나 정서적인 혼란이 있음을 의미한다. 지나치게 상세한 묘사를 하는 경우에는 자신과 외부세계와의 관계를 적절하게 통합하지 못하거나, 환경에 지나친 관심을 가지고 중요한 것을 구별하지 못하는 강박적인 사람의 그림에서 나타난다. 그림에서 세부묘사가 결여된 것은 에너지가 적거나 우울증이 있는 사람에게 나타난다.

9. 생략과 왜곡

그림의 어떤 한 부분이 생략되거나 왜곡되어 있는 경우에는 피험자에 있어 갈등이 있음을 보여준다. 예를 들어, 외부세계에 관심이 없는 사람은 창문이 생략된 그림을 그린다.

10. 절단

그림이 용지의 끝에서 잘린 것을 의미하며, 용지 하단에서 절단된 그림은 심리 내적 충동이 존재하며, 강하게 억제하여 통합을 유지하고자 하는 것을 의미한다. 용지 윗부분이 잘린 것은 사고하는 것에 관심이 많은 것으로 지적인 성취욕이 높음을 나타낸다. 용지 왼쪽이 잘린 것은 과거에 고착하여 미래를 두려워하는 것을 의미하고, 용지 오른쪽이 잘린 것은 미래로 도피하려는 욕구, 행동에 대한 통제를 보일 때 나타난다.

11. 그림자의 음영

그림자는 의식 수준에 있어서 불안과 갈등을 나타낸다. 집·나무·사람의 내부나 일부에 진하게 음영을 칠한 것은 불안과 우울한 기분을 나타낸다. 음영이 연한 것은 대인관계에 있어 타인에 과민한 경향을 나타낸다. 그림의 일부에 보이는 음영은 특정한 부분과 관련된 불안과 갈등을 나타내는 상황이 많다는 것을 의미한다.

12. 투시성

옷 안에 내장을 그리거나 속이 보이는 것처럼 그리는 것은 현실검증의 장애가 있거나 자신과 외부세계가 구별이 안 되는 상태를 의미한다. 취학 전 아동이 투시화를 그린 것은 정상적인 단계이다.

13. 원근법

원근법에는 아래에서 위를 올려다본 그림과 위에서 아래를 내려다본 것이 있다. 올려다보는 시점으로 그린 것은 피험자가 환경에 접근하기 어려워하는 것을 나타내며, 자신을 자기비하하거나 위화감을 나타낸다. 또한 조감도로 그린 것은 환경에 대한 방관자적 태도를 나타낸다. 집 그림을 조감도의 형태로 그린 것은 자신이 가정에서 벗어나 있음을 보여주는 경우가 많다.

14. 대칭성

대칭성이 결여되어 있는 것은 피험자의 불안전감을 나타내며, 신체적인 면에 부적응감을 가지고 있음을 나타낸다. 좌우 대칭성이 지나쳐서 경직된 인상을 주는 것은 강박적, 충동성 표현의 통제, 거리감을 둔 타인과의 접촉, 억압과 지나친 지적인 만족을 추구하는 것으로 보인다. 인물화에 있어서 정확하게 대칭적인 경우 신체의 부조화를 두려워하고, 죄책감에 괴로워하며, 자기통합을 위협하는 충동을 통제하려는 사람에게서 나타난다. 주의가 산만한 사람의 경우에는 대칭성을 무시한다.

15. 지면의 선

지면선은 피험자가 불안감을 가지고 있으며, 틀을 그림으로써 안정감을 얻으려는 것이다. 지면선이 오른쪽으로 내려가는 경사로 표현된 것은 미래의 불확실성으로 인해 위협을 느끼고 있음을 나타내며, 오른쪽이 올라 있는 경사는 미래를 향해 노력하고 있다는 것을 나타낸다.

❸ 집 그림 검사의 해석지침

집 그림은 그린 사람이 성장한 가정 상황을 보여준다. 자신의 가정생활과 가족관계를 어떻게 인지하고 있는지, 어떤 감정과 태도를 갖고 있는가를 나타내는 경우가 많다. 또한 현재 가정을 어떻게 바라보고 있는가 하는 것 이외에 미래의 이상적인 가정과 과거의 가정에 대한 소망이 드러난다. 집 그림에서는 그림을 전체적으로 평가함과 더불어 필수요소인 지붕·벽·문·창문 등을 어떻게 그리는지 유의하여 해석해야 한다. 단독주택의 형태로 그리는 것이 일반적이며 아파트·학교·절·빌딩 등으로 특수한 그림을 그리는 경우가 있는데 이때 그림에 대한 질문이 꼭 필요하다. 집 그림은 또한 보통의 가족 그림보다는 가족들과 살고 있는 그들의 모습에 대해 약간 다른 정보를 제공해준다. 가족 그림에서 그리지 않는 내용을 집 그림에서 그 안에 누가 있는지를 물었을 때는 이야기가 나오는 경우도 있다. 이는 집 그림은 사람을 그릴 때보다 좌절감이 적기 때문에 보다 편안하게 접근할 수 있다.

1. 지붕

지붕은 사람의 머리에 해당되는 부분으로 내적인 인지과정과 관련되어 있다. 지붕을 생략하는 경우 사고 장애를 시사하기도 한다. 지붕에 그물무늬의 음영을 넣거나 덧칠하는 등 지붕을 지나치게 강조하는 것은 공상에 몰두하는 것으로 나타난다. 지나치게 작게 그려진 지붕은 내적인 인지활동이 활발하지 않음을 시사한다. 지붕에 문이나 창문을 그린 것은 외부 세계와 접촉하는 방식이 공상세계에 몰두해 있는 것과 관련이 있다.

2. 벽

벽은 집을 지탱해주는 역할을 하는 것으로 내부와 외부 세계의 경계 역할을 하며 집의 내부를 보호하는 역할을 하므로 자아강도, 자아통제력, 자아붕괴의 정도를 나타낸다. 견고해 보이는 벽은 강한 자아를 나타내고, 지나치게 강조되어 있는 것은 위협받는 자아에 대한 두려움, 자아통제에 대한 과한 욕구를 나타낸다. 얇은 벽은 자아가 약한 것을 나타내며, 벽이 부서져 있거나 선이 연결되어 있지 않은 벽은 자아통제력이 와해된 것을 나타낸다. 벽에 벽돌이나 나뭇결을 그려 넣은 것은 사소한 것에 집착하는 성향을 보인다.

3. 문

문이 없는 집의 경우 심리적으로 얻기 어려운 것이 있음을 나타낸다. 문이 마지막에 그려진 것은 사람과의 접촉을 싫어함을 나타내고, 너무 작은 문의 경우 접근의 까다로움, 환경과의 접촉을 꺼림, 수줍음 등을 나타낸다. 너무 큰 문의 경우 사회적 접근을 나타내고, 집의 옆쪽에 위치한 문은 현실에서 도망치고 싶은 마음을 표현한 것이다.

4. 창문

창문은 사람의 '눈' 같은 역할을 하는 것으로, 간접적이지만 세상을 내다볼 수 있으며, 타인과 세상이 집안을 들여다볼 수 있는 통로가 된다. 환경과의 수동적인 접촉을 나타내는 것이며, 피검자의 주관적인 관계 경험과 자기 또는 타인과의 대인관계와 관련된다. 창문에 열쇠를 부착했다면 외부의 위험에 대처하려는 공포나 적의, 편집증적 성향을 검토해 볼 필요가 있다. 창문에 격자가 있다면 외부세계를 자기로부터 멀리하려는 것과 관련이 있을 수 있다. 창이 없다면, 외부 관심의 결여와 적의, 폐쇄적인 사고와 관련된다. 커튼에 창문이 가려져 있다면 타인과의 관계를 피하거나 위축된 사고를 나타낸다. 커튼이 있으나 열려있다면 타인과의 관계에 대한 불안을 갖고 있으나 자신을 통제하고 행동하고 있음을 나타낸다.

5. 굴뚝과 연기

굴뚝은 가족 내의 온정적 분위기, 가족 간의 교류를 제공한다. 굴뚝의 연기는 가정에서 심리적인 온정에 대한 과도한 관심, 남성에 대한 성적인 관심, 힘 또는 창조력에 대한 관심을 의미한다. 굴뚝에서 나오는 한 가닥의 선으로 표현되는 연기는 가정 내에 따뜻함이 결여됨을 나타낼 수 있으며, 연기가 강한 바람에 의해 한쪽 방향으로 기울어져 있는 것은 환경으로부터 압력을 느끼고 있다는 것을 시사한다. 연기가 오른쪽에서 왼쪽으로 흐르는 것은 염세적인 미래의 표현이라고 볼 수 있으며, 연기가 좌우로 동시에 표현되는 경우는 병리적 경향과 관련이 있음으로 볼 수 있다.

6. 방

방은 특별한 방과 관련된 부정적 · 긍정적 경험 또는 방에 대한 특별한 상징을 나타낸다. 침실을 강조하면 우울증 경향이 있는 사람을 위한 은신처를 의미한다. 욕실을 강조하면 청결을 강조하는 성향, 강박적으로 더러움을 씻어내고자 하는 마음 등을 나타낸다. 부엌을 강조하는 경우 양육을 위한 장소로 애정에 대한 욕구를 나타낸다. 거실은 가족 간의 상호교류에 대한 관심을 나타낸다.

7. 계단과 길

세상과의 연결통로로서 타인과의 근접성을 의미한다. 집 그림에 계단이나 길을 그리는 것은 사회적 상호관계의 환영을 나타낸다. 출입문을 향해 있는 길은 사회적 요령이 있음을 나타내며, 집과 관계가 없는 길은 타인 및 환경과의 접촉을 즐기지 않고 별개의 세계를 갖고 싶어 함을 나타낸다.

8. 기타 부속물

그림에 태양을 그린 것은 권위적 대상으로서 부나 모를 나타내며, 피험자가 그것에 대하여 특별한 감정을 가지고 있음을 나타낸다. 날씨가 표현된 것은 자신의 환경에 대해 가지고 있는 감정을 표현한 것으로 외부 환경이 자신에게 압력을 가하고 있다고 느끼면 궂은 날씨로 표현하는 경우가 많다. 나무가 집을 가리는 것처럼 그릴 때는 의존에 대한 욕구, 양친에 지배되고 있는 것을 나타낸다. 숲이나 울타리로 집을 둘러싸고 있는 표현은 방어벽을 만들려는 것을 나타낸다.

❹ 집 그림 검사의 사례

페인트칠을 한 집(이○성, M/10)

집 그림에서 검게 칠한 것은 페인트 부분이라고 말하였으며 엄마, 아빠, 형과 함께 살고 있다고 하였다. 문은 닫혀 있으며 모여서 TV를 보고 있고 매우 즐겁다고 하였다. 외부 세계와 단절되어 있는 것으로 보이며, 집의 부분을 검게 페인트 칠 한 것은 집, 가정에 대해 감추고 싶은 것이 있음을 나타낸다.

방을 그린 경우(박○민, M/11)

2년 전 ADHD 진단을 받았으며 발달장애를 가지고 있다. 집 그림에 유독 집중하는 모습을 보였으며 지붕과 벽이 있는 온전한 형태의 집을 그린 것이 아니라 조감도의 형태로 집의 구조를 그린 것이 특징이다. 이 아동은 방을 많이 그렸는데 눈에 띄는 것은 집 안에 사령실이 있다는 것이다. 아동이 집에 사령실을 두었다는 것은 가족 내에 자신을 통제하는 역할을 하는 구성원이 있다는 것을 암시한다. 또한 가족들이 모이는 장소인 거실을 크게 그린 것은 현실적 사고에 대한 관심을 나타내고 가족과의 소통을 원함을 보여준다.

창문이 없는 경우(박○윤, M/16)

집 그림에 문과 창문이 없으며 집에 음영을 주었다. 집의 앞면을 그리지 않고, 집의 뒷면을 그렸다. 이것은 가정에 대한 거부감을 보이는 것으로 보이며, 자기만의 세계에 고립되어 있음을 보인다. 집에 있는 유일한 것은 굴뚝으로 가정의 온기를 갈구하는 모습이 굴뚝에서 나오는 연기를 통해 나타난다.

밑이 잘리고 박이 달려 있는 경우(이○민, M/26)

검사지 하단에 초가집을 표현하였으며 지붕에는 박이 세 쌍이 달려 있고 집 안에는 미래의 부인과 자신이 있다고 하였다. 집의 밑 부분이 잘린 것으로 보아 안정감이 결여되어 있음을 나타낸다. 미래의 모습을 상상하여 그린 집으로 지붕에 쌍을 이룬 박을 그려 넣은 것으로 보아 이성과 안락한 가정을 꾸리고 싶은 욕구를 드러낸 것으로 보인다.

다른 장소가 집을 대신한 경우(주○민, F/7)

어머니의 옷가게를 집으로 표현하였으며 옷가게는 창고, 옷 갈아입는 곳, 기다리는 곳으로 구성되어 있다. 이 옷가게에서 일을 많이 해서 힘들다고 하였으며 앞으로는 점점 사람이 많아질 것이라고 하였다. 아이의 마음속에는 옷가게가 본인의 집만큼 중요한 역할을 하고 있다는 생각이 자리 잡고 있는 것으로 보여진다.

굴뚝이 크고 집이 기울어진 경우(박○진, F/22)

굴뚝을 그리기 시작하여 다락이 있는 지붕 순으로 그려 나갔다. 다락방에만 리본이 묶여 있는 커튼을 그렸는데, 자신이 아끼는 물건들만 넣어두는 창고여서 아무도 안 보여주고 싶어 커튼을 달았다고 하였다. 이 집은 미래의 배우자와 함께 살 집으로 남편은 직장, 자신은 현재 마당 청소 중이라고 하였다. 집의 굴뚝을 강조하여 그린 것으로 보아 성에 대한 관심과 더불어 가정의 온정에 관심이 많은 것을 나타낸다. 또한 문이 가장자리에 있는 것으로 보아 외부에 대한 경계심과 더불어 도피적인 성향이 드러나며, 집이 기울어져 있는 것을 보아 가정을 꾸리고 싶어 하지만 환자가 경험한 가정의 불화로 인해 미래에 대한 확신을 갖는 데 어려움을 보이고 있다.

아파트의 형태(이ㅇ민, F/18)

안전장치가 잘되어 있고 밖엔 울타리가 쳐져 있으며 항상 경비가 지키고 있는 고급빌라를 그렸다. 혹시 모를 비상상태를 위해 벽면에 비상구 계단을 그린 것이며 고급빌라라고 하였다. 빌라 내부엔 방음장치가 잘되어 있어 노래 연습이라든지 악기를 다룰 때 옆집에 피해가 가지 않으며 부모와 살지 않고 친구와 단둘이 산다고 했다. 친구와 편하게 살고 싶고 CCTV라든가 담장이 있어 강도나 도둑들로부터 지켜줄 수 있는 고급빌라를 선호한다고 하였다. 집은 검사지의 상단에 위치해 있어 정서적으로 불안감을 나타내고 있으며, 부모와 함께 살고 싶지 않다고 하는 것으로 보아 자유롭게 살고 싶은 것에 대한 욕구가 있지만, 한편으로 비상계단, CCTV 등의 언급을 통해 안전에 대한 욕구가 나타나고 있다.

⑤ 나무 그림 검사의 해석지침

나무 그림은 기본적인 자기상을 나타내며, 가장 솔직한 내면세계를 방어 없이 자유롭게 분출할 수 있는 검사 방법이다. 코흐(Koch)는 나무 그림을 통해 개인적 삶의 내용과 전기적 상황 및 개인의 성격을 읽을 수 있고, 개인 무의식 속에 있는 감정들이 반영될 수 있다고 보았다. 또한 아이들의 그림에서 나무는 인성뿐만 아니라 성장발달검사 방법으로도 이용되었다. 나무는 특정한 인물을 상징하고, 그 사람에 대한 감정 및 욕구를 나타내기도 하며, 보통은 그림을 그린 자신을 직접적으로 나타내고, 무의식적으로 느끼는 자신의 모습을 나타낸다고 본다. 나무는 뿌리·줄기·가지 등으로 구성되어 있다. 나무 그림을 진단하기 위해서는 이러한 기본 구성요소가 있는지 확인해야 하며, 필압과 형상, 위치 등을 살펴봐야 한다.

1. 줄기

일반적 모양의 줄기의 경우 성장과 발달에서의 에너지, 리비도(Libido), 창조적 생명력, 생활의 느낌에 대한 감정 등을 반영한다. 줄기에 있는 외상의 표현들은 심각한 외상을 경험했었던 나이를 반영할 수 있다. 꼭대기로 갈수록 가늘어지는 줄기는 쇠약함, 약화된 활력 등을 나타낸다. 희미하게 진 음영은 수동적임을 보여준다. 상처가 난 줄기는 외상을 나타내며, 바람에 흔들리는 줄기는 환경의 압력과 긴장을 나타낸다.

2. 나무껍질

나무껍질이 벗겨진 경우에는 어렵고 난폭한 생활을 의미하고, 진하게 그려진 것은 불안감을 상징한다. 또한 지나치게 자세히 그려진 것은 긴장감, 완고함, 강박관념을 통제하려는 시도들을 나타낸다.

3. 가지

울창한 가지는 자아에 대한 집착을 보여준다. 좌우대칭인 가지는 통제를 위한 강박적인 욕구를 나타내며, 집을 향해 있는 좌우비대칭 모양의 가지는 가족 혹은 안정에 대한 관심과 애착을 상징한다. 집에서 멀리 떨어져 있는 가지는 가족들로부터 떨어져 독립적으로 성장한 것을 보여준다. 꺾여 있거나 잘린 가지의 경우 외상 혹은 거세에 대한 감정을 내포하고 있다. 죽은 가지는 생활 일부에서의 상실감 혹은 공허함 등을 나타낸다. 아래로 늘어진 가지는 미안한 감정의 표현과 관계가 있으며, 과거에 집착하는 사고를 가지고 있다. 어린 나무는 미성숙이나 공격성을 상징한다.

4. 수관

수관을 장식하는 꽃은 자아도취적인, 허영심리가 많은 사람과 관련이 있다. 잎이 커다란 것은 부적합성과 관련된 의존성을 나타낸다.

5. 뿌리

뿌리를 강조한 것은 미성숙을 나타내거나, 정착되지 못한 일과 관련된 과거에 대한 관심이 나타난다. 죽은 뿌리의 경우 초기 생활에서의 강박적, 우울증적인 감정을 시사한다. 손톱이나 갈퀴 모양과 같은 뿌리는 의지하고 있는 사람 혹은 장소를 나타낸다. 손톱이나 갈퀴와 같은 뿌리는 의지하고 있는 사람이나 장소를 나타낸다. 도화지의 가장자리에 위치한 뿌리는 불안정감이나 안정에 대한 욕구를 나타낸다.

6. 나무에 있는 동물

가장 흔히 그림에 나타나는 것이 다람쥐로, 행동에 대해서 연속적인 박탈의 경험이 있는 사람들에 의해서 때때로 그려진다. 몇몇 의존적인 사람들의 경우 나무 구멍 속에 동물을 그림으로써 보호받는 자궁 속에 있는 것을 표현한다.

7. 열매를 그린 나무

떨어지는 열매 혹은 떨어진 열매들은 거리감이나 죄의식을 나타내며 상실감과 허탈감에 휩싸이는 '타락한 천사 증후군'은 종종 성폭력과 같은 외상 뒤에 나타난다. 열매의 크기는 욕망의 정도를 나타내고, 떨어지는 열매는 상실감, 체념, 집중력 결여와 관련이 있다.

8. 특수한 나무

언덕 위에 위치한 나무는 정신적인 의존성을 보여주는데, 특별히 나무가 크고 단단하다면 위로 올라가고자 하는 노력을 반영한다고 볼 수 있다.

9. 나무의 크기와 기울기

나무 전체가 오른쪽으로 기울어져 있으면 감수성과 불안감을 상징하고, 풀을 그려 넣었다면 정서가 풍부한 상태를 말한다.

Koch(1952)의 나무 그림의 임상적 해석

1) 전체적 소견

요소	분석기준	임상적 의미(상징적)
관·줄기의 균형	작은 관, 굵고 긴 줄기	취학 전의 경우 비교적 보통, 유아성, 발달지체, 지적장애, 신경질적인 사람의 경우는 원시적 상태로의 퇴행
	큰 관, 짧은 줄기	자신감, 완성으로의 욕구, 야심, 자존심, 자기 집착, 자존심, 자기칭찬, 열심, 열정적, 열광적, 몰두하는 능력
줄기의 경사도	좌측	방어적인 태도, 혐오적, 주의 깊게 억압된 적응, 자제, 가면성, 압도감(어려워함), 반항(무시), 억압, 과거로의 집착, 안전으로의 욕구, '너'로부터의 도피
	우측	바로 마음을 뺏김, 몰두하는 능력, 집중, 감수성, 불안정성, 유혹당하기 쉽다, 미래나 외적 세계에서의 도피
공간 사용 영역	상	외부, 바깥세계, 객체, 목표를 위한 노력, 미래, 소원, 지성화
	하	일반적 의미: 본질적인 것, 무의식적인 것, 의식 못하고 있었던 것, 좁은 뜻으로의 자기, 근원, 기본점, 자아존재, 자신으로의 움직임, 너에게서 눈을 돌리거나 관심이 결여
	좌	내향성, 과거, 자아, 잊고 있었던 것
	우	장래, 미래(바라는 것 혹은 우리에게 열려 있는 미래), 자기와 미래의 관계, 목적, 외향성
나무의 우세 방향	좌측	안으로 향하는 것, 자신에게 푹 빠짐, 자폐, 자기애, 친밀한 친구가 없다, 자기로의 관심, 자아가 우위를 정한다, 과거로의 집착, 몽상적, 심사숙고, 개성화에 방해받음, 경험중시
	우측	적응성, 생활에 대한 적극적 태도, 활동의욕, 쉽게 영향받음, 일의 기쁨, 열중 집중
	균형	정상적인 자기확신, 자신에서 빠져나올 수 없다, 자기묘사, 평정, 성숙, 기만, 허상, 자기의 과대망상, 허울뿐인 우월성, 비융통성

나무 길이	종이 위로 넘침	정신적인 생동성 및 우주적인 것, 초감각적 · 형이상적인 것, 자부, 자만, 열광, 명예욕, 절박한 열정, 현실감각 결여, 무의식성이 적고, 창조적 · 다면적 · 성실한 노력
	종이 내 그림	정상적인 자기 확신, 성숙, 평정, 비융통성, 억압
줄기 · 수관폭 비율	2배 이하	절박한 열정성, 명성욕, 현실감각의 결여, 명성욕
	2배 이상	신체적 · 물질적인 생동성, 낮은 의식성, 발육 억압, 미성숙, 퇴행적, 지체하는, 유아적인 것
	1배 이하	과도의 수관의 높이를 나타내는 증례에서는 이 표시가 퇴행적 성격을 가지기도 한다고 한다.

2) 뿌리

요소	분석기준	임상적 의미(상징적)
뿌리 모양새	지면 위	취학 전의 경우 비교적 보통, 유아성, 발달지체, 지적장애, 신경질적인 사람의 경우는 원시적인 상태로의 퇴행
	지면 아래	자신감, 완성으로의 욕구, 자존심, 자부심, 자기집착, 야심, 자기칭찬, 몰두하는 능력, 열심, 열광적, 열정적
	숨겨짐	12살까지는 평범, 12세 이상에서는 지적발달이 늦거나 아이 같은 도식, 좁은 시야로 멀리 내다보지 못함, 유치, 퇴행, 미숙함, 불안전감과 부전감

3) 줄기

요소	분석기준	임상적 의미(상징적)
줄기 모양	밑동의 끝단부터 그림	8세까지는 정상적인, 10세 이상: 아동 같음, 생활력 없음, 천진난만, 미성숙, 정신지체, 좁은 시야
	좌, 우측이 부풂	좌: 억압, 과거와의 관계, 고착, 모와의 유착, 저지 우: 불신, 주의, 경계, 권위에 대한 두려움, 상대에 대한 저항, 고집, 비협조적, 원망

줄기 모양	넓은 밑동	금지, 억압, 학습곤란, 이해력 느림, 사고방해, 발달지체
	쐐기모양	단순함, 전체에 대하여 넓은 시야나 이해력이 떨어짐, 직접적으로 도와주는 것을 전부 이용
	뿌리 부착형	실천가, 실제적, 시각적, 구체적
줄기개폐	열림	탐구, 발견으로의 의욕, 현실에 솔직, 방향을 결정 못하고 미해결 상태로 둔다, 결단력 부족, 항상성이 없음, 충동적, 난폭, 돌발적 행동, 의무감 없음
	닫힘	6~7세에선 정상, 신경증환자, 희망과 현실의 차이 경험, 거짓, 성숙성의 결여, 잘난 체, 상동적 사고, 비이론적, 적응곤란
옹이 수	있다	외부로부터의 침입, 상처의 흔적
굵기	굵다(비조화)	적극성, 활동적, 공상적, 공격성, 현실성
	가늘다 (비조화)	자극에 혼란해지기 쉽다, 침착함이 없다, 솔직, 반응성
	보통(그림상 조화로움)	침착함, 평정, 명료함, 심미안, 감수성, 무관심

4) 가지

요소	분석기준	임상적 의미(상징적)
수관 속 가지	끝이 날카로움	공격적, 비판적, 감수성 풍부, 예민
	끝이 둥글고 불규칙	지적장애, 발달장애, 불건전, 불건강, 병적, 퇴화하는
	없다	환경의 접촉 없음, 미분화
가지 선	단선가지	취학 전의 경우 정상, 취학 후에는 지능이나 성격 양면에 가벼운 발달지체, 신경증 환자에게서는 퇴행의 징후
	두 선 가지	정상적 가지 구성, 연장자에서 나타나는 성숙한 모양
가지 끝	뾰족하다	비판적, 공격적, 감수성 풍부, 예민
	잘려 있다	저항력, 저돌적, 비소통성, 억압, 감정의 축적, 따돌림 받고 있다는 느낌, 갈등, 실망, 실패, 반사회적, 오만적, 반사회적
	부러져 있다	다른 힘, 황폐함

가지 모양	구심형	예지력, 집중, 정력적, 침착함, 결단력, 만족, 독립, 조화, 타인에게서 동떨어짐
	원심형	공격성, 열의, 행동의 충동(적극성), 계획적, 주도성, 근면 열심, 불안정, 외향성, 분열, 퇴행, 수동성, 방어적, 나태, 자포자기
	산재형	불확실, 충동적, 푸념, 반항, 충돌, 폭발적, 인내력 부족
	선반 모양	궤변, 자기훈련, 자기정복, 자기부정, 체계화 능력, 구성적 재능
	없다	자신에 충실하지 않음, 비관적, 공감이 없고 단조로움

5) 수관

요소	분석기준	임상적 의미(상징적)
수관 모양	공 모양	공상, 인습, 진부함, 도식적, 몽상, 과장, 에너지 결여, 순진, 현실에 대한 두려움, 낙천적, 감정형, 태만, 변덕스러움
	구름 모양	파도형태: 활발한, 유연한, 탄력성, 적응능력 있음 흔들린 형태: 신경질적, 불안정, 불확실, 억압, 불안
	아케이드 모양	형태에 대한 감수성, 예의바름
	없다	음울함, 불완전한 감정, 불안
수관 강조	좌측	내향성, 퇴행성, 주관성, 자신에 관련된 것, 자폐, 거부, 사려깊음, 소극적, 예민, 신중(주의력)
	우측	자신감, 자기확대, 거만, 허영, 착각, 산만, 집중력 결여
	균형	정상적인 자기 확신, 평정, 성숙, 기만, 허상, 겉뿐인 우월성, 비융통성

6) 열매

요소	분석기준	임상적 의미(상징적)
열매 부착	낙과	산만함, 단념, 사고나 감정표현이 쉬움, 잘 잊어버리는 경향
	가지	시각적인 재능, 관찰능력, 창의력 부족, 게으름, 즉흥성, 경박, 낙천주의
	수관 속	10세까지 보임, 농아들에게서 나타남

7) 꽃

요소	분석기준	임상적 의미(상징적)
꽃	있다	자기찬미, 현재, 외면이나 장식이나 아름다움에 구애, 통찰의 결여

⑥ 나무 그림 검사의 사례

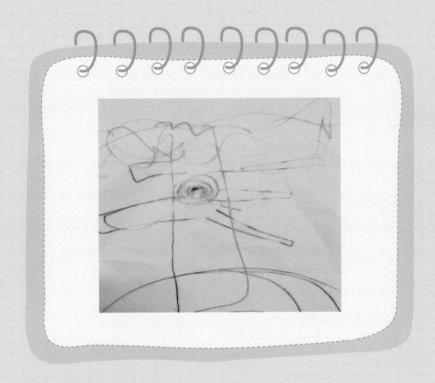

나무 기둥에서 가지가 나오는 경우(박○민, M/11)

．

　2년 전 **ADHD** 진단을 받았으며 발달장애를 가지고 있다. 이 아동은 빠른 속도로 그렸으며, 나무에 잎을 그리다 말았고 수관이 나무 기둥 중간에 튀어나와 있다. 이 아동은 학령기 이후의 아동인데, 기둥에서 바로 가지가 나온다는 것은 지능과 성격에 지체가 있는 것으로 보인다. 지면선을 곡선으로 표현하였으며 선이 굉장히 산만하고, 옹이가 과하게 진하게 그려진 것으로 보아 아동이 현재 안정되지 못하고 불안한 감정이 나타난다. 또한 과하게 진하게 그려진 그림으로 보아 자신의 분노를 표출하지 못하는 것으로 보인다.

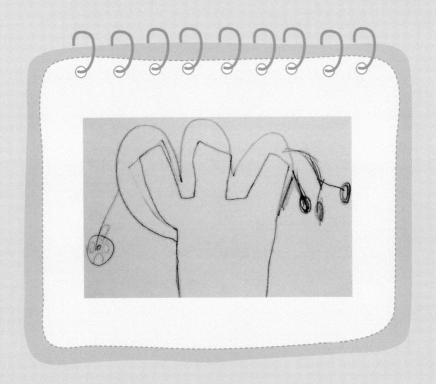

나뭇가지가 동일한 굵기인 경우(박ㅇ진, F/7)

이 나무는 기분이 좋으며 앞으로는 과일이 점점 더 많이 달리고 나이가 더 많이 들 것이라고 하며 현재 5살 정도 된 나무라고 하였다. 이것은 아이가 현재 무리 없이 성장하고 있다는 것을 반영하고 있다. 나뭇가지는 영양분을 받아 밖으로 뻗어나가는 것으로 달성하고자 하는 힘을 상징한다고 볼 수 있다. 이 아동은 나무에 또 다른 가지를 그리고, 열매를 표현함으로써 본인이 달성하고 싶은 것들을 무의식중에 표현한 것으로 보인다. 나뭇가지가 동일한 굵기로 표현되는 것으로 보아 단도직입적인 성향을 가지고 있음을 시사한다.

잎을 많이 그린 경우(이○애, F/18)

현재 대학입시를 준비하면서 입시 스트레스에 시달리고 있으며 나무의 크기는 안정적이나 수관에 잎을 그린 것으로 보아 주위에서 인정받고 싶은 욕구를 보인다. 잎이 많은 나무 아래엔 민들레 같은 꽃을 표현하였는데 외로운 나무를 위해 표현한 것이라고 하였다. 나무에 있는 옹이를 보아 과거에 겪은 상처를 나타낸 것으로 보인다.

짧은 선으로 이어 그린 나무(박ㅇ덕, M/53)

교사인 이 남성은 학생들처럼 젊고 생기 있게 살기 원한다고 하였다. 이 나무는 본인과 나이가 같다고 하였고 이를 통해 나무를 자신과 동일시하고 있음을 알 수 있다. 또한 이 나무는 줄기보다 수관이 훨씬 크다. 이것은 현재의 스트레스를 표현한 것으로 보인다. 또한 가지를 비롯한 선들이 짧게 끊어지는 선으로 그려진 것을 볼 수 있다. 이는 현재 본인이 일을 완성하지 못하는 상황을 반영하는 것으로 보인다. 나무의 뿌리와 밑 부분은 그려지지 않고 오로지 수관 부분을 과장해서 그린 것으로 보아 현재 자신이 겪고 있는 삶에 있어서의 스트레스를 지탱해줄 원천, 힘이 부족한 것을 시사한다.

세부 묘사가 많이 된 경우(김○정, F/12)

이 아동은 나무가 500살로 잎이 새로 나오고 있다고 하였다. 나무 주변에서 자신이 둘레의 길이를 재고 있다고 하며, 딱따구리가 나무줄기에 앉아 벌레를 잡아먹고 있는 그림이라고 하였다. 아동의 연령에 비해 많은 묘사가 된 그림으로 주변 환경에 관심과 영향을 많이 받으며, 가지와 줄기의 대칭성을 통해 완벽성을 추구하는 성향을 나타내는 그림이다. 내적인 불안감과 가정에서의 정서적 지지를 바라는 욕구가 내재되어 있음을 시사한다.

종이의 가로 정중앙에 약한 필압으로 그려진 경우(박ㅇ우, M/43)

이 나무는 50년 된 건강한 나무를 그린 것으로 그늘을 제공해주는 기능을 하는 나무라고 설명하였다. 나무의 가운데에 나뭇잎이 무성하며, 외부의 비바람에 나뭇가지가 다칠 수 있지만 어쩔 수 없는 것이라고 하며, 그네를 달거나 아이들이 올라와 놀 수 있는 나무라고 설명하였다. 종이의 중앙에 그림을 그리는 것은 완고한 성격이나 불안함을 나타낸다. 긍정적인 설명에 비해 필압이 약하여 에너지 수준이 떨어지며, 휴식에 대한 욕구를 의자를 하나 더 그려 넣으면서 강조하고 있다.

세로선이 많은 경우(이○수, M/31)

그림을 그리는 속도가 매우 빨랐고, 큰 버드나무이며 150살 정도 된 나무라고 설명하였다. 바람에 잎이 흔들리는 것이 좋고 나무와 그 주변이 훼손되지 않았으면 좋겠다고 하였다.

세로선이 많은 그림은 독단적이고 독립적인 성향을 나타내며, '나무가 그 자리에 그대로 있고, 훼손되지 않고, 훼손되어 혼자 남게 되면 외로워진다'라고 하는 설명을 통해서도 자신의 생활이나 정서 영역에 방해받거나 공유하는 것이 어려운 성향을 나타내고 있다. 수직선을 많이 사용한데 비해 종이를 가로로 놓고 그린 것은 환경에 대한 적응이 잘 이루어지지 않고 있으며, 버드나무 형태의 나무를 통해 볼 때 내적인 우울감이 존재할 수 있다.

⑦ 사람 그림 검사의 해석지침

사람 그림 검사는 DAP 검사의 해석지침을 참고한다. 사람 그림에서 나이는 환자 자신 또는 자기 대상의 성숙도에 대한 주관성을 나타낸다. 나이를 해석할 때는 나무 그림 검사에서와 마찬가지로 실제 자기 나이와 5년의 차이가 난다는 것은 문제로 보지 않는다. 다만 5년 이상 차이가 나는 경우는 내적 성숙과 관련된 불안과 과잉 보상을 의미한다고 볼 수 있으며, 5년 이하의 차이를 나타내는 경우는 미성숙한 성격과 관련될 수 있다. 분명하게 인물의 나이를 밝히지 않는다면 우울감이 내재화되어 있다고 할 수 있다.

8 사람 그림 검사의 사례

캐릭터로 표현한 사람(박○민, M/11)

2년 전 ADHD 진단을 받고 발달장애를 가진 아동이 그린 것으로 굉장히 산만한 선으로 그려진 것을 볼 수 있다. 그림 속 사람은 도사이며, 도술을 부리고 있고, 나쁜 짓을 많이 해서 화가 난다고 말하였다. 전우치 이야기를 많이 하는데 드라마를 연상하고 그림을 그린 것으로 보인다. 사람의 눈은 뾰족하게 그렸으며, 한 선으로 그려지지 않아 사람의 형태를 정확하게 파악하기 어렵지만, 본인을 투사시켜 역동적인 모습으로 표현한 것으로 보인다. 사람 주변에 보이는 것은 싸울때 사용하는 도구로 보이며, 자신의 에너지를 발산하고 싶은 마음이 드러난 것으로 보인다.

테두리 선을 중첩하여 그린 사람(박○덕, M/53)

필압이 대체적으로 진하며 선을 여러 번 겹쳐서 두껍게 표현하였다. 남자 사람은 본인이며 'korea' 문구가 새겨져 있는 티셔츠를 자주 입는다고 하였다. 평소엔 와이셔츠에 넥타이를 즐겨 매기 때문에 집에 있거나 장을 보러갈 때는 편안한 옷차림이 좋다고 했다. 턱수염을 그렸으며, 이는 직장생활에서 벗어나 자유롭고 편안한 차림의 자신의 모습을 투사시켜 표현한 것으로 나타난다. 발은 그리지 않았으며, 인물의 크기가 커지면서 잘린 것으로 보인다.

여자 사람은 주말에 장보러 갈 때의 부인의 모습을 그렸다고 하였다. 와이프 역시 글자가 적혀 있는 티셔츠를 즐겨 입으며, 본인의 그림에는 없는 벨트를 그려주고 가슴에 하트 무늬를 그려줌으로써 사랑하는 아내에 대한 애정을 표현하였다. 두 인물 모두 손을 그렸으나 손의 형태를 정확히 알아보기 힘들다. 이는 자신의 무력감을 숨기고 싶어 하는 심리가 반영된 것으로 볼 수 있으며, 환경에 대한 통제능력이 매우 떨어져 있음을 나타낸다.

캐릭터로 표현한 사람(이○민, M/16)

남자를 그린 것으로 피에로 가면을 쓰고 있으며 사람들이 시키는 대로 춤을 추고 있다고 이야기하였다. 가면 안의 사람은 슬픈 표정이며, 공연이 끝나면 다른 곳으로 이동해서 반복적인 춤을 출 예정이라고 설명하였다. 다리는 잘려 있으며, 발을 그리지 않았다. 신체를 지지하는 기관이 부족하게 그려진 것으로 보아 자율성이 떨어지며, 외부 환경에 대처하는 능력이 떨어져 있음을 나타낸다. 또한 가면을 쓴 사람으로 표현하여 본인의 감정을 숨기려 하는 경향을 볼 수 있다.

작고 마른 사람(송○영, F/16)

길거리를 방황하는 여중학생이며, 무엇인가에 깜짝 놀라 하고 있다고 이야기하였다. 사람을 굉장히 왜소하고 마르게 표현하였으며, 눈을 크게 그려 겁에 질린 듯한 모습으로 묘사했다. 뒤로 숨기고 있는 손 모양은 외부환경에 대한 회피의 모습을 상징한다. 길고 가늘게 그린 몸통을 통해 내적인 힘이 부족한 것을 나타낸다.

교복을 입은 사람(이○선, F/22)

교복을 입고 지내던 고등학교 시절의 모습으로 놀이동산에 놀러가 풍선을 들고 사진을 찍고 있는 본인의 모습을 그렸다고 하였다. 현재 남자친구에게 한없이 귀여운 상대로 남고 싶다고 했으며 성관계 경험이 있으나 자신만이 가지고 있는 소중한 비밀이어서 숨기고 싶다고 했다. 이 그림으로 보아 교복을 입었던 과거 순수했던 자신의 모습을 그림으로써 퇴행의 자세를 나타낸다.

성의 한 부분이 강조된 그림(최○혁, M/26)

여성 그림을 먼저 그렸으며, 두려운 눈빛을 하고 있는 여자 얼굴 왼쪽에는 희미한 흉터가 있고 가슴을 강조하여 그렸다. 지금은 만나지 않는 예전 여자 친구 생각이 나서 그렸다고 했다. 이 그림은 여성의 가슴을 강조하여 그림으로써 성적인 관심을 나타낸다. 예전 여자 친구의 모습을 재현했다는 점에서 여성 얼굴의 상처는 전 여자 친구를 구타한 경험이 있는 것으로 사료된다.

　남자 그림을 보면 검사지 아래에 치중되어 있다. 몸은 없고 얼굴만 확대해서 그렸으며, 진정한 남자는 수염이 있어야 한다고 말하면서 콧수염과 턱수염을 강조하여 그렸다. 이는 수염을 통해 남성성을 부각시키고자 하는 의도로 보인다.

배○영, F/33

젊은 남자의 모습을 먼저 그렸다. 이 남자는 19~20세의 남자로 남의 말을 잘 들어주고 이해심이 많으며 좋은 조언을 해주는 남자이다. 이 남자는 침착하며 상대방이 행복했으면 좋겠다는 소원을 가지고 있다. 자신이 젊은 시절 바라던 남성상을 표현한 것이다. 여자의 그림은 17세의 여학생을 그린 것이다. 이 여학생은 친구와 함께 수다를 떨며 거울을 보는 것이고 현재는 살짝 짜증이 난 상태이다. 이 여학생의 소원은 내 편이 되어주는 존재를 갖는 것이고 마음이 맞는 친구와 함께 놀러가고 싶다. 이 여성은 자신의 억제된 스트레스를 17세 여학생을 통해 표출시키고 싶은 마음을 그림으로 표현했다.

03

동적 집 - 나무 - 사람 그림 검사(KHTP TEST)

동적 집 - 나무 - 사람 검사(KHTP Test: Kinetic House-Tree-Person Test)는 HTP 와 DAP의 한계점 때문에 운동적인 사정들을 발전시키려 한 것으로, 피검자 의 느낌과 인식들, 가족의 역할 및 영향, 가족 상호작용에 대한 통찰 등을 보 여주는 가족의 역동에 대한 설명을 위해서 개발된 검사 방법이다.

1 실시방법

1. 재료

A4용지, 4B연필, 지우개

2. 방법

(1) A4 종이가 그림 그리는 사람과 수평이 되도록 제시한다.

⑵ "집, 나무, 그리고 한 사람이 어떤 행동을 하고 있는 모습을 그리세요"라고 이야기한다. 이때 만화나 막대 사람으로 그리지 않도록 이야기한다.

❷ KHTP 검사 시 질문사항

- 이 그림은 어떠한 내용을 담고 있나요?
- 그림의 첫인상은 어떠한가요?
- 이 사람은 무엇을, 누구를 바라보고 있나요?
- 이곳에서는 무슨 일이 일어나고 있나요?
- 여기에서 일어나는 일들에 대해 어떻게 생각하나요?
- 그림에 대한 느낌은 차가운가요? 따뜻한가요?
- 이 집은 힘들게 하는 것으로부터 내가 숨을 수 있는 장소인가요?
- 집이 붕괴되고 텅 비어 활기가 없나요?
- 집이 성공과 부유함의 표상인가요?
- 살고 싶은 집인가요?
- 나무가 죽었나요, 살았나요, 위협적으로 보이지 않는지요?
- 이 나무가 보호받고 있는 것처럼 보이나요? 또는 누군가를 보호하고 있는 것 같은가요?
- 사람이 공격적이거나 적대적으로 표현되어 있나요? 활기가 있어 보이나요?
- 신체의 일부가 숨겨져 있거나 생략되어 있나요?

- 집, 나무, 사람과의 간격은 어떠한가요?

- 해와 달이 집이나 나무, 사람 위에 그려져 있나요?

- 그림은 어떠한 양식으로 그려져 있나요?

- 집, 나무, 사람에 어떠한 상징들이 나타나나요?

- 집, 나무, 사람 간의 상호작용이 나타나나요?

❸ KHTP 그림 검사의 해석지침

1. 밀착된

그림을 그린 사람이 삶을 살아가는 데 있어 중요한 일을 해결해야 하는 상황에서 헤쳐 나갈 수 있는 해결책이 없어 실패감을 느낄 때, 집과 나무 혹은 사람과 집이 밀착된 그림을 그린다. 이는 자신이 현실에서 부딪히게 되는 실패와 및 불만족 등을 나타내는 것이다.

2. 그림의 순서

그림을 그려나간 순서에 따라 다른 의미를 내포한다.

(1) 나무를 가장 먼저 그렸을 때는 성장하려고 하는 욕구가 드러나는 것으로 여겨지며, 삶에 대한 의지가 없는 경우, 자살을 생각할 때도 나무를 먼저 그린다. 이와 대조적으로 지금의 삶보다 더 나아지려고 할 때 나무를 먼저 그리는 경우가 있다. 올바른 해석을 위해서는 전체적 그림의 일부로서 나무를 살펴봐야 하며, 나무와

관련된 그림 후 질문들을 통해서 보다 정확한 해석을 할 수 있다.

(2) 집을 가장 먼저 그린 경우에는 생존을 위한 장소에 속하고자 하는 바람을 나타내거나 신체적 욕구, 사회에 속하고자 하는 욕구와 관계있다. 집을 먼저 그리는 것은 안정, 가족, 삶의 물질적 측면과 관계가 깊다고 볼 수 있고, 보살핌을 위한 가정 혹은 즐겁고 창의적인 장소로서의 가정을 나타내는 것이기도 하다.

(3) 사람을 가장 먼저 그린 것은 감정의 제어에 대한 걱정, 신체를 과시하거나 또는 숨기고자 하는 심리를 나타낸다. 성공에 대한 욕구 혹은 성공에 대한 경멸로 해석이 가능하며, 돌보기를 좋아하고, 서로 즐거움을 나누는 것을 좋아하는 사람에서 흔히 나타난다. 자신이 아닌 다른 사람이 표현되었다면 죽은 가족 구성원, 사랑했던 사람, 미워했던 사람 등을 반영한 것일 수도 있다.

• HTP와 KHTP 그림 검사의 차이점
HTP와 KHTP 모두 집과 나무 그리고 사람을 그리는 검사라는 공통적인 특징을 갖고 있다.
그러나 KHTP는 하나의 화면 속에서 집, 나무, 사람의 상징적 의미가 어떠한 방식으로 상호작용하고 있는가를 파악할 수 있다. 그림을 그린 순서뿐만이 아니라 각각 크기의 차이, 운동력, 방향성 등을 전체적으로 파악하여 그림의 소재들이 어떤 상호작용을 하고 있는가, 그림 내에서 어떤 요소가 가장 큰 영향력을 발휘하는가 등을 해석의 단서로서 활용할 수 있다.

❹ KHTP 그림 검사의 사례

나무 속의 동물(최ㅇ자, F/38)

집, 나무, 사람의 순으로 그렸고, 그림 마지막에 "새 한 마리 더 그려도 되나?"라고 말하며 새를 더 그려 넣었다. 나무에 무슨 이유로 동물을 그렸냐는 질문에 "나무가 혼자서는 외로울 것 같아서"라고 말했다. 나무에 다람쥐를 그리는 것은 일반적으로 아동의 그림에서 자주 등장하는데, 이는 안전에 대한 불안감이 있는 것으로 표현되며, 새를 추가적으로 한 마리 더 그림으로써 본인의 외로움을 달래기 위한 매체로 반영하였다. 집은 사람이 없는 빈집이라고 하는 것으로 보아 본인 주위에 자신을 챙겨줄 가족, 사람이 없음을 알 수 있다.

그림 속에 있는 사람은 자신으로 친구와 가족들에게 나누어줄 농작물을 키우고 있다. 자신은 주변 사람들을 위해 희생하고 있지만 정작 자신을 위해 희생해주는 사람은 없는 것으로 드러났다. 집 그림을 보면, 창문과 출입문이 활짝 열려 있어 외부 세계에 대해 개방적인 자세를 가지고 있는 것으로 보이며, 자신이 농작물을 수확하여 직접 주변 사람들에게 나눠주려는 모습은 적극적으로 세상을 살아가려는 의욕을 나타내고 있다.

밀착되지 않고 분리되어 있는 그림(이○숙, F/34)

집, 나무, 사람의 순으로 그렸으며, 집을 중심으로 양옆에 사람과 나무를 배치하였다. 사람은 젊은 남자라고 하였고, 집에는 남자의 부인과 아이들이 살고 있다고 하였다. 자신은 집 안에서 집안일을 하고 있으며, 밖에서 돈을 벌어오는 남편의 모습을 그린 것으로 보인다. 집을 보면 출입문, 창문이 모두 꼭 닫혀 있는 것을 보아 주부인 자신은 외부 세계와 소통하지 않고 오로지 집안일에만 열중하고 있음을 알 수 있다. 그림 속 사람은 지금 현재보다 더 나은 삶을 바라고 있고, 더 여유롭고 안락한 삶을 추구하고 있다. 나무는 5~6세의 싱그러운 모습이라고 하며, 자신의 아이를 상징하는 푸르른 나무를 그렸다. 현재 자신이 믿고 의지하며 살아가는 존재는 아이와 남편으로 보인다. 특히 나무를 사람보다 먼저 그린 것으로 보아 남편보다 아이에게 더 관심이 집중되어 있는 것을 알 수 있다.

나무로 집을 둘러싼 경우(한○영, F/50)

집, 사람, 나무 순서로 그림을 그렸으며, 가장 먼저 자신을 그리고, 오른쪽에 갓 태어난 손자를 그렸다. 남편을 왼쪽 아래에 그렸다가 너무 작은 것 같다며 지우고 다시 그렸는데 동작이 달라졌다. 이전에는 앉아서 땅을 일구고 있는 듯한 모습이었으나 이후 그린 것은 아내와 손자를 향하여 달려 나오는 모습으로 그렸다.

계절은 따뜻한 봄날이며, 집은 앞으로 지을 2층 주택 집이고, 2층에 있는 사람은 누구인지 명확하지 않다고 하였다. 2층은 나만의 공간이었으면 좋겠다고 하여 실제 2층에서 밖을 내다보고 있는 사람은 자신임을 암시하였다. 나무를 그릴 때에 잎사귀 부분을 두세 번씩 겹쳐 그렸으며, 사과나무로 그렸다. 귀걸이를 한 자신을 그리고, 집에 있는 커튼에 레이스를 다는 등 장식적인 요소를 그리는 것에 집중한 것으로 보인다.

집 주변에 울창한 사과나무를 둘러싸게 그려 집 뒤에 울타리를 친 형태로 표현하였는데, 이는 가정의 안정을 위한 매개체의 역할을 하며, 사과가 주렁주렁 달린 것으로 보아 성취에 대한 욕구 수준이나 정도가 높은 것을 알 수 있다. 또한 남편을 일하는 모습에서 손자와 자신을 향해 달려오는 모습으로 그린 것을 통해 사랑, 애정에 대해 갈구하고 있음을 알 수 있다.

생략해서 그린 그림(이○태, M/25)

나무, 집, 사람 순으로 그렸으며, 사람을 꼭 그려야 하냐고 연달아 물었고, 그리기 힘들다고 언급하였다. 그림 속 계절에 대해 질문하자 잠시 망설이다가 봄이라고 대답하였다. 사람의 성별은 알 수 없다고 하였으며, 나무 아래서 책을 읽고 있는 장면이라고 하였다. 집은 일반적인 아파트를 표현하기 위해서 그냥 네모 박스로 그렸다. 그림을 전반적으로 화면 안에 작게 배치하였다. 전체적으로 그림에서 생략이 많이 나타난다. 나무는 줄기와 수관이 이어져 있지 않으며, 집에는 출입문만 있을 뿐이다.

제일 공들인 부분은 사람으로 책을 보며 쉬고 있는 모습으로 표현하기 위해 책을 그려 넣었지만 손과 발은 없다. 나무 그림을 보면, 한 개의 선으로 간략하게 표현되어 있는데 이는 무력감과 삶에 대한 만족감이 떨어져 있음을 시사한다. 집에는 세상과 소통할 수 있는 창문이 전혀 없으며, 삭막한 분위기를 자아낸다. 사람은 손, 발이 없게 그린 것으로 보아 수동적이며, 삶에 적극적인 자세를 보이지 않음을 나타낸다. 일하고 있는 모습이거나 활동하고 있는 장면이 아닌 책을 읽으며 쉬고 있는 모습으로 표현한 것으로 보아 현재 삶의 에너지가 떨어져 있다.

울타리가 있는 그림(이ㅇ연, F/27)

집, 사람, 나무의 순서로 그렸다. 집과 사람을 그린 후에 나머지 공간을 어떻게 채울지 고민된다며 부담스러워하였다. 집 안에 있는 사람은 여자이며 꼭 자신은 아니고, 집 안에서 창밖을 바라보며 누군가를 기다리고 있다고 하였다. 기다리는 대상이 가족은 아니고 누군가가 올 예정이라서 문을 열어두고 기다리고 있는 상태이다. 나무는 50년 정도 된 무성한 나무로 계절은 무더운 여름이지만 시간상 해가 지고 어둑해질 시점이라 선선한 바람이 불고 있다.

대체적으로 집, 나무를 그리는 것은 빨리 끝났으며 사람을 그릴 때 오래 걸렸다. 그림 속의 여자는 기다림과 설렘이 있지만 언제 올지, 약간의 걱정을 하는 중이라고 하였다. 전반적으로 가족에 대한 관심보다 본인이 기다리는 이성으로 추정되는 대상에 대한 관심이 그림에 여실히 드러난다. 기다리는 대상이 사랑하는 사람으로 추측되며, 그 사람과의 온정을 집 안에서 피우고 싶은 욕구가 굴뚝에서 나오는 연기로 나타난다.

본인의 영역에 대한 것이 확고하다는 것은 집 주변에 울타리가 견고하게 그려진 것으로 파악할 수 있다. 기다리는 사람을 위해 출입문은 열어두었지만, 밖에 나와 기다리는 것이 아니라 집 안 창문을 통해서 바라본다는 것은 기다리는 대상에 적극적으로 행동하기보다 수동적인 자세를 취하고 있는 것을 나타낸다.

자폐아동의 그림(김○준, M/6)

현재 경도 자폐 진단을 받고, 통원 치료 중이다. 그림을 사람, 집, 나무 순서로 그렸다. 이 아동은 눈 마주침에 어려움이 있었으며, 그려보자고 권유하면 "싫어"라는 말을 자주 했다. 질문을 하면 "몰라"라는 대답을 여러 번 했다. 의사소통이 이루어지지 않아 그림에 대한 해석에 어려움이 있다. 사람을 그렸다가 연필로 칠해 지운 것이 두드러지며, 이는 본인이 싫어하는 대상에 대한 표현으로 보인다. 집에는 지붕이 벽에 비해 작게 있으며 창문만 있을 뿐이다. 지붕은 신체의 머리에 해당하는 것으로 공상을 상징한다. 지붕을 그리지 않는 것은 공상적이거나 정신활동에 문제가 있음을 보여준다.

집과 사람이 분리되어 있는 경우(최○영, F/42)

집, 나무, 사람 순서로 그렸으며, 뒤에 추가로 산을 그렸다. 집에는 아무도 없으며 조용하다고 하였다. 집의 지붕 무늬와 울타리를 꼼꼼하게 그리고, 울타리가 이렇게 안 생겼는데 마음에 안 든다고 말하였다. 나무는 아주 오래된 고목나무이고 잎이 무거워 힘겹고, 사람은 책을 읽고 있는 엄마의 젊은 시절 모습을 상상하여 그렸다. 그림의 계절은 가을이나 봄의 모습이고 맑은 날씨라고 하였다. 집 문에서 시작된 길을 그렸으나 울타리 밖으로 연결되지는 않았고, 울타리를 견고하게 그려 차단된 느낌을 준다. 굴뚝에서 연기가 나오는데 집에는 아무도 없다고 말하였다.

전반적으로 그림이 쓸쓸한 분위기를 자아내며, 집과 사람을 분리해 그린 것이 특징적이다. 자신의 가족이 사는 집은 울타리를 작게 만들어 격리시켜 놓았고, 가족에 대한 언급은 전혀 없고, 단지 어머니에 대한 모습만 표현하였다. 이는 현재 자신의 가족에 대한 관심보다 어머니에 대한 관심이 집중되어 있음을 나타내며, 자신도 어머니의 모습에서 미래의 자신의 모습을 발견하고 있는 것으로 보인다. 어머니가 의자에 앉아 책을 읽으며 쉬고 있는 모습으로 표현하여 본인도 가정에서 벗어나 개인적인 시간을 갖고 싶음을 암시적으로 표현하였다. 집 뒤에 있는 고목나무는 집에 비해 작고 나이가 많이 들었다고 하여 힘이 없는 자신의 모습을 투사한 것으로 보인다. 또한 집과 밀착되어 있는 것으로 보아 가족 내 또는 가족관계에서 벗어날 수 없는 요소에 의해 영향을 받고 있음을 의미한다. 뒤에 두 개의 산을 그렸는데 인생에서 두 번의 굴곡이 있었던 것으로 추정된다.

나무에 그네를 타는 사람이 있는 경우(이○진, F/17)

나무, 사람, 집 순서로 그림을 그렸으며 집 앞에 나무가 세 그루 있고, 나무에 그네를 달아 타고 있는 자신을 그렸다. 자신 혼자 있고 집에는 아무도 없다고 하였으며, 다른 것을 그려도 되냐고 질문한 후에 연못과 네 마리의 물고기, 꽃밭을 그렸다. 나무는 사과나무이고 기둥이 튼튼하여 사람이 타도 부러지지 않는 가지를 가졌다고 하였다. 지우개를 사용하지 않았으며, 초반에 집 모양을 그리다가 다시 그리고 싶다고 하며 새 종이를 달라고 하였다.

먼저, 그림을 다시 그리겠다고 한 것은 처음에 그렸던 내용에 위협감이나 불만족하여 나타날 수 있으며, 다시 그림을 그려서 안정을 찾고자 하는 시도로 볼 수 있다. 집 주변에 강아지집도 있고, 연못도 있고, 꽃밭도 그린 것으로 보아 본인이 애정을 쏟고 싶은 욕구를 보이지만, 그것들을 뒤로 한 채 그네를 타고 있는 모습으로 그려 생활에 대한 고립감이 있다고 보인다. 집 안에는 사람이 없다고 하여 평소 가족들 간의 왕래와 소통이 원활하게 이루어지지 않음을 유추해 볼 수 있다. 가족이 몇 명인지 언급하지 않았지만 연못 속의 물고기의 수로 보아 4명임을 추정해 볼 수 있다. 집에 창문을 여러 개 그려 외부 세계와의 소통에 관심을 가지고 있지만 원활하게 이루어지고 있지 않음을 나타낸다.

04

동적가족화(KFD TEST)

동적가족화(KFD: Kinetic-Family-Drawing)는 투사 그림 검사이다. 가족화를 처음 고안한 사람은 Hulse(1951)이며 여기에 정신분석이론, 장 이론 및 지각적 선택성 이론 등을 고려하여 운동성을 가미한 동적가족화를 Burns와 Kaufman(1970, 1972)이 개발했다. 이것은 '무엇인가를 하고 있는 가족 구성원'을 그리도록 하여 피검자가 주관적·심리적으로 느끼고 있는 가족 구성원에 대한 심리내적인 인상이 시각적으로 표현되는 검사이다. 가족 내에서 가장 큰 영향을 미치는 인물, 혹은 부정적 영향을 끼치는 인물을 향한 감정이 솔직하게 드러날 수 있고, 가족 구성원 사이에 형성되어 있는 힘의 분포와 친밀감 및 단절감과 같은 가족 내의 역동성을 그림을 통해 들여다 볼 수 있게 한다.

동적가족화에서 나타나는 가족의 모습은 부모나 형제자매 간의 실제적인 관계나 상황보다는 피검자가 심리적으로 자각하는 가족의 모습이 반영되는 경우가 많다. 특히 아동의 경우는 더욱 그러한 경향이 있다. 피검자의 주관적인 판단에 크게 의존하기 때문에 동적가족화는 의식적이면서도 무의식적인 투사기법이라 할 수 있으며 아동·청소년을 진단하고 치료하는 데 매우 중요한 임상적 가치를 제공해줄 수 있다. 아동은 아직 경험해보지 못한 자신이 소망하는 가족의 모습을 표현할 수도 있고, 반면에 아주 강하고 부정적인 경험들을 반영하기도 한다. 이 그림을 통해 아동이 심리적으로 느끼는 가족의 상황이나 아동과 가족 구성원 간의 관계도 알 수 있다.

▌1 ▌ 실시방법

1. 재료
A4용지, 4B연필, 지우개

2. 방법
(1) 종이를 가로 방향으로 앞에 제시한다.
(2) 가족의 모습을 떠올려 볼 수 있는 시간을 준 다음 "우리 가족이 무언가를 하는 그림을 그려 보세요"라고 설명한다.
(3) 가만히 서 있는 모습이 아니라 어떤 활동을 하는 모습을 그리는 것이고, 가족이 모두 같은 활동을 하거나 각자 서로 다른 활동을 하고 있는 모습을 그리는 것이 좋다고 설명한다. 가족의 모습 속에 자신이 꼭 표현되어 있어야 하며, 만화나 막대사람의 형상이 아니라 최대한 정상적인 사람의 모습과 비슷하게 가족을 그릴 수 있도록 설명한다.
(4) 편안하게 그림을 그릴 수 있도록 안정된 분위기를 조성하고, 수용적인

태도로 작업을 지켜보아야 한다. 또한 채색을 하는 것보다는 연필로만 그리는 것이 그림을 분석하기에 좋다.

3. 동적가족화(KFD) 검사 시 질문사항

- 우리 가족은 무엇을 하고 있나요?
- 우리 가족이 이러한 일을 자주 하는 것 같나요?
- 그림 속 상황에서 너의 기분은 어땠나요?
- (함께 사는 가족인데 그림에서 빠져 있다면) ○○는 지금 여기에 없지만, 어디서 뭘 하고 있을까요?
- (함께 살지 않는 가족인데 그림에 있다면) 이 사람은 누구인가요? 함께 있으면 기분이 어떤가요?
- 만약 그림에 더 그려 넣고 싶다면 무엇인가요?

❷ 동적가족화(KFD) 검사의 해석지침

1. 인물의 활동

각 인물의 행동은 여러 가지 임상적인 의미를 제공해준다. 우선, 그려진 가족 모두가 상호작용을 하는지 혹은 일부만 상호작용하고 있는지, 아니면 전혀 상호작용하고 있지 않은지에 따라 피검자가 실제 자신의 가족 구성원 간 상호작용을 어떻게 지각하고 있는지에 대해 알 수 있다. 한 공간에 있지만 각자 다른 행동을 하고 있거나, 서로 다른 공간에서 각각 다른 행동을 하는 것은 가족 간에 낮은 수준의 상호작용이 이루어지고 있다는 것을 고려해 볼 수도 있다. 아동·청소년의 경우 대부분의 아버지상은 신문이나 TV를 보고 있는 모습 혹은 일하고 있는 모습으로 많이 그려지고 어머니상은 설거지나 청소를 하는 모습으로, 그리고 자기상은 TV를 보거나 컴퓨터를 하는 모습, 공부하고 있는 모습 등으로 흔히 표현된다.

2. 양식

양식은 가족 구성원과 사물의 위치 등을 용지 안에서 어떻게 구성했는가를 의미한다. 양식은 피검자가 가족 내에서 느끼는 친밀감 및 신뢰감과 주관적인 느낌·태도 등과 관련이 있다. 예를 들어, 어떤 피검자는 다른 가족은 모두 다 가까이 그리면서 한 특정인만 멀찍이 떨어뜨려 그리거나, 어떤 가족 구성원은 그리지 않거나 또는 자신과 가까이에 특정인을 그리기도 한다. 동적가족화에서 나타나는 그림의 양식은 매우 다양하지만, 특징에 따라 일반적 양식, 구획화(구분), 포위하기, 가장자리, 인물하선특정, 상부의 선, 하부의 선 등과 같은 7가지 정도로 구분할 수 있다.

(1) 일반적 양식

가족 구성원들이 긍정적이고 안정적인 상호작용을 하는 그림을 나타낸다. 가족 구성원 사이에 거리감을 느낄 수 있는 사물이나 벽 등이 존재하지 않고 친밀감이 있으며, 따뜻한 사랑이나 인정적인 상호작용을 경험하는 피검자에게서 보인다.

(2) 구획화(구분)

직선이나 곡선을 사용하여 그림 속 인물을 의도적으로 분리하는 것이다. 때로는 그림을 그리기 전에 용지를 접어서 종이로 구분을 하고 그 안에 가족 구성원을 각각 그리는 경우도 있다. 가족 구성원 상호 간에 적극적인 애정표현이 이루어지지 않거나 가족 간의 단결력과 상호작용이 부족한 경우에 많이 보인다. 또한 외로움이나 억누르고 있는 분노감이 있을 때, 자신의 감정을 인정하고 싶지 않거나 표현하기 싫은 경우로 해석하기도 한다.

(3) 포위하기

가족 구성원들 중 한 명 이상을 선이나 어떤 사물로 둘러싸는 경우이다. 둘러싸는 역할을 하는 사물로는 줄넘기, 책상, 자동차 등이 자주 등장하는 편이다. 이때 포위시킨 가족 구성원은 피검자에게 위협적인 대상으로, 분리 혹은 제외시키고자 하는 욕구가 표현되어 있다고 해석하기도 하며, 가족관계에서 포위한 대상과 정서적으로 단절되어 있을 가능성도 있다. 두 사람을 포위시킨 경우 두 사람을 동일하게 여기는 경향이 있음을 알 수 있다.

(4) 가장자리

그림 용지의 가장자리 부분을 따라 가족 구성원을 나열한 경우를 말한다. 이 경우 피검자는 방어적이고 저항적이며, 가족 내의 문제를 회피하려는 경향이 강하다. 더불어 가족 구성원 간 친밀한 관계 맺기에 대한 거부감을 보일 가능성이 많다.

(5) 인물하선특정

인물의 밑에다 선을 긋는 경우로서 선이 그어진 대상에 대한 불안감을 나타낸다.

(6) 상부의 선

그림용지 윗부분이나 인물의 머리 위에 한 개 이상의 선을 그리는 것으로, 가정 내의 안정감이 부족하거나 걱정, 불안 또는 위기감을 느끼는 피검자에게서 보인다.

(7) 하부의 선

마치 땅을 그리듯이 한 개 이상의 선이 종이 아래쪽에 그려진 것으로, 가정이 피검자에게 안정감을 제공하지 못하는 경우, 혹은 피검자가 정서적인 지지를 받지 못하는 상태이거나 인정받지 못하는 경우 나타나며 안정을 찾고자 하는 심리상태로 해석된다.

3. 상징

동적가족화(KFD)에서 그려진 모든 사물들에 대한 상징적 의미를 부여할 때는 과도하거나 절대적으로 해석되어서는 안 되며, 다른 여러 정보들을 고려하여 조심스럽게 해석되어야 한다.

상징 해석	표현된 내용
경쟁심, 공격심	공, 축구공 등 던질 수 있는 물체, 빗자루 등
애정, 희망, 온화	태양, 전등, 난로 등 빛과 열 등
분노, 적개심, 거부	총, 칼, 방망이, 폭발물 등
힘의 과시	차, 자전거, 오토바이, 기차, 비행기 등
우울감	바다, 호수, 비 등 물과 관련된 모든 것

4. 역동성(상호작용)

인물 묘사의 순서, 인물상의 크기, 인물상의 위치, 인물 간의 거리, 인물상의 방향, 가족 구성원이 아닌 타인의 묘사, 특정 인물의 생략 등을 통해 그림 전체의 맥락 안에서 가족 구성원 간의 역동성을 파악할 수 있다.

(1) 인물묘사의 순서

가족들을 그린 순서는 피검자가 지각하는 가족 내 힘의 서열을 반영하거나 정서적 · 심리적으로 피검자에게 중요한 대상의 순서를 나타내기도 한다. 만약 아동의 경우 자신을 가장 먼저 중앙에 그렸을 때 자기중심적인 경향이 강함을 시사한다. 가족 이외의 인물을 제일 먼저 그린 경우는, 가족 내에서의 소속감 및 유대감의 형성이 빈약할 가능성이 크다.

(2) 인물상의 위치

그림의 위쪽에 표현된 인물상은 가족 내에서 주도적인 역할을 하는 인물일 가능성이 높고, 아래쪽에 표현된 인물은 활력이 부족하거나 우울한 인물일 수도 있다. 또한 가운데에 그려진 인물상은 실제로 가족의 중심인물일 가능성이 높고, 오른쪽은 외향성 및 활동성, 왼쪽은 내향성 및 침체성을 지닌 인물일 것으로 해석된다. 일반적으로 남아는 자기상을 우측 편에, 여아는 좌측 편에 그리는 경향이 나타난다.

(3) 인물상의 크기

인물상의 크기는 실제적인 가족 구성원의 키를 반영할 수 있지만 감정과 태도를 나타낼 수도 있다. 이 경우 키나 크기가 큰 인물은 존경받거나 자신한테 중요하게 여겨지거나 권위적인 대상으로서, 가정에서 중심적인 위치에 있을 가능성이 있고, 키가 작게 그려진 인물의 경우 가족들에게 무시당하는 지위나 역할에 처해 있을 가능성이 있다.

(4) 인물 간의 거리

그려진 인물 간의 거리는 심리적 거리를 나타낸다. 보편적으로 친밀한 관계의 인물들끼리 가까이, 그리고 반대로 그다지 상호작용이 없고 친밀감이 부족하여 심리적인 거리감을 느끼는 경우에는 멀리 그릴 수 있다.

(5) 인물상의 방향

인물이 정면을 향하고 있다면 그는 아동이 긍정적으로 지각하고 있는 인물이며, 뒷모습으로 표현되었다면 그 인물에 대한 부정적인 태도나 억눌린 분노감등을 나타낸 것일 수 있다. 옆모습으로 표현된 인물의 경우 긍정과 부정 어느 한쪽에도 치우치지 않은 복합적인 감정을 느끼고 있을 가능성이 높다.

(6) 인물상의 생략

어느 가족 구성원의 생략 혹은 지운 흔적이 있는 경우엔 그 인물에게 양가적인 감정을 느끼고 있거나, 아이와 갈등적인 관계에 있다는 것을 나타낸 것이기도 한다.

(7) 타인의 묘사

피검자가 가족이 아닌 타인을 그려 넣었다면, 가족 내에서는 누구에게도 친밀감과 정서적 교류를 느낄 수 없는 상태임을 추측해 볼 수 있다. 가족 외 타인은 피검자의 친구나 친척이 대부분인데, 정서적으로 가장 친밀하게 느꼈거나 피검자와 신뢰나 애정의 관계에 있던 대상일 가능성이 많다.

5. 인물상의 특징

인물상 개개인에 대한 묘사의 특성은 앞 장의 사람 그림에서 설명된 내용을 참조하면 된다. 동적가족화(KFD)에서 흔히 나타나는 인물상의 특성을 살펴보면 다음과 같다.

(1) 그림자

신체 일부분에 그림자를 그릴 경우 그 신체부분에 신경을 쓰고 있거나 불안감을 느끼고 있다고 여겨지며, 어떤 인물에 그림자를 그렸다면, 그 가족에 대한 분노감이나 적개심을 표현한 것일 수 있다.

(2) 표정
가족그림에서 표정은 인물의 감정을 표현한 것이기도 하지만, 아이가 그 인물에 대해 느끼는 정서일 수도 있다. 표정을 생략한 경우엔 피검자가 가족 내에서 느끼고 있는 갈등이나 정서적 어려움을 직접적으로 표현하기 싫어하거나 생각하기 싫어하는 경우로 볼 수 있다.

(3) 회전된 인물상
특정 가족 구성원만 나머지 인물들과 다른 방향으로 그려진 경우, 그 가족 구성원에 대한 거부감이나 거리감을 나타낸다.

(4) 막대기형 인물상
가족 간에 정서적 친밀감과 애정이 부족하며, 갈등 관계나 거부감을 나타낸 것일 수 있다.

❸ 동적가족화(KFD) 검사의 채점체계

1. 번스의 채점체계

동적가족화(KFD)의 '활동 내용', '스타일' 그리고 '상징'등을 분석 및 채점하고자 할 때는 KFD 모눈종이와 분석용지를 함께 사용하는 것이 좋다.

(1) 모눈종이

1mm 간격의 트레싱 페이퍼로 만들어진 KFD 모눈종이는 KFD 자료를 분석하고 측정하는 데 유용하게 쓰인다. 모눈종이는 그려진 인물들의 크기, 위치, 그리고 거리를 쉽게 측정하는 데 도움을 준다. 예를 들어 KFD의 모눈종이를 통해 아동이 그린 인물들 간의 크기나 거리를 파악함으로써, 가족 간의 유대감, 친밀감, 우월감이나 열등감 등을 더 쉽게 파악하는 데 도움을 준다.

(2) 분석용지

KFD 검사의 모눈종이가 객관적이고 수치적인 정보를 제공한다면, 분석용지는 그려진 그림의 자료를 기록하고 요약하는 데 도움이 된다. 이러한 분석용지는 '활동 내용' 및 '스타일', 그리고 '상징' 등을 총체적으로 요약할 수 있고, 부분적으로 수량화시킬 수 있게 해주기 때문에 특히 임상연구에 유용하다.

동작성 가족화 검사의 분석용지(번스의 채점기준)

이름: _____ 연령: _____ 성별: _____

[1] 스타일

1) 구획 나누기

2) 포위하기

3) 밑선 긋기

4) 어떤 특정 인물 아래에만 밑선 긋기

5) 외형만 그리거나 검사지의 테두리를 따라 그리기

6) 검사지 윗부분에 선긋기

7) 검사지를 접은 후 구획을 나눠 그리기

[2] 상징

1) 아버지상에 사용된 상징:

2) 어머니상에 사용된 상징:

3) 자기상에 사용된 상징:

4) 기타 인물에 사용된 상징:

[3] 활동 내용

1) 가족원 각자의 활동 내용

인물	활동 내용
1) 자신	_____
2) 어머니	_____
3) 아버지	_____
4) 형, 오빠	_____
5) 누나, 언니	_____
6) 남동생	_____
7) 여동생	_____
8) 기타	_____

[4] KFD에 나타난 각 인물의 특징

1) 팔을 더 길게 늘여서 그린 경우(　　)

　　㉠ 자신 ㉡ 어머니 ㉢ 아버지 ㉣ 형, 오빠 ㉤ 누나, 언니 ㉥ 남동생

　　㉦ 여동생 ㉧ 기타

2) 받침대 위에 올라가 있는 것으로 그린 경우(　　)

　　㉠ 자신 ㉡ 어머니 ㉢ 아버지 ㉣ 형, 오빠 ㉤ 누나, 언니 ㉥ 남동생

　　㉦ 여동생 ㉧ 기타

3) 그렸다가 지운 경우(　　)

　　㉠ 자신 ㉡ 어머니 ㉢ 아버지 ㉣ 형, 오빠 ㉤ 누나, 언니 ㉥ 남동생

    ⊗ 여동생 ◎ 기타

4) 검사지 뒷면에 그린 경우(　　)

    ㉠ 자신 ㉡ 어머니 ㉢ 아버지 ㉣ 형, 오빠 ㉤ 누나, 언니 ㉥ 남동생
    ⊗ 여동생 ◎ 기타

5) 매달려 있도록 그린 경우(　　)

    ㉠ 자신 ㉡ 어머니 ㉢ 아버지 ㉣ 형, 오빠 ㉤ 누나, 언니 ㉥ 남동생
    ⊗ 여동생 ◎ 기타

6) 신체 부위를 생략하여 그린 경우(　　)

    ㉠ 자신 ㉡ 어머니 ㉢ 아버지 ㉣ 형, 오빠 ㉤ 누나, 언니 ㉥ 남동생
    ⊗ 여동생 ◎ 기타

7) 어떤 인물을 생략하고 안 그린 경우(　　)

    ㉠ 자신 ㉡ 어머니 ㉢ 아버지 ㉣ 형, 오빠 ㉤ 누나, 언니 ㉥ 남동생
    ⊗ 여동생 ◎ 기타

8) 눈을 피카소의 그림 같이 다소 특이하게 그린 경우(　　)

    ㉠ 자신 ㉡ 어머니 ㉢ 아버지 ㉣ 형, 오빠 ㉤ 누나, 언니 ㉥ 남동생
    ⊗ 여동생 ◎ 기타

9) 모습을 회전해서 그린 경우(   )

　　㉠ 자신 ㉡ 어머니 ㉢ 아버지 ㉣ 형, 오빠 ㉤ 누나, 언니 ㉥ 남동생

　　㉦ 여동생 ㉧ 기타

[5] KFD의 역동성(모눈종이 사용)

1) **신장**(cm)

자기　　　　＿＿＿＿＿＿＿＿＿＿＿＿＿＿＿＿＿＿

아버지　　　＿＿＿＿＿＿＿＿＿＿＿＿＿＿＿＿＿＿

어머니　　　＿＿＿＿＿＿＿＿＿＿＿＿＿＿＿＿＿＿

2) **자신의 위치:**

3) **가족 구성원 간의 거리**(cm)

어머니　　　＿＿＿＿＿＿＿＿＿＿＿＿＿＿＿＿＿＿

아버지　　　＿＿＿＿＿＿＿＿＿＿＿＿＿＿＿＿＿＿

그 외　　　＿＿＿＿＿＿＿＿＿＿＿＿＿＿＿＿＿＿

4) **그린 순서:**

5) **인물의 위치:**

6) 인물의 방향:

7) 가족 이외 타인묘사:

2. 레이톤(Layton)의 KFD 채점기준

KFD의 각 특징을 157개의 항목들에 대해 "그렇다"나 "아니다"로 각각 채점한다. 예를 들어, 그림에서 자기상이 생략되었다면, 자기상이 생략되어 있는 경우에 채점 가능한 0이 항목에 해당된다. 여러 항목들이 비교적 정확하게 평가될 수 있으나 항목에 해당되는지의 여부가 확실치 않을 때는 채점을 하지 않는다.

(1) 가족 구성원

동적가족화 그림에 그려져 있는 사람 및 생략된 사람을 확인한다. 그러나 다음과 같은 경우는 채점하지 않는다.

- 생략된 가족이 가족들의 생계를 위하여 멀리 떠나서 있는 경우
- 생략된 가족이 타 지역에서 학교를 다니고 있는 경우
- 생략된 가족이 이혼 때문에 가정에서 분리된 경우
- 생략된 가족이 시설에 수용되어 있는 경우
- 생략된 가족이 다른 친척의 보호 아래에 있는 경우

특정한 가족 구성원을 그리지 않았을 때 검사자는 피검자에게 사후질문 단계에서 이에 대하여 질문하여야 한다. 아동은 때때로 특정 구성원을 그리지 않고서, 어떤 것의 속에 있거나 뒤에 있다고 주장하기도 하는데, 이런 경우에도 가족 구성원의 생략으로 간주한다. 종이의 뒷면에 인물을 그린 경우에도 생략으로 채점된다.

001. 자기상의 생략
002. 어머니상의 생략
003. 아버지상의 생략
004. 형제상의 생략
005. 집에 같이 살고 있는 다른 친척의 생략
006. 본래 가족은 아니지만, 같이 살고 있는 기타 인물의 생략
007. 종이의 뒷면이나 다른 종이에 자기를 그린 경우
008. 종이의 뒷면이나 다른 종이에 어머니를 그린 경우
009. 종이의 뒷면이나 다른 종이에 아버지를 그린 경우
010. 종이의 뒷면이나 다른 종이에 부모 외 다른 가족 구성원을 그린 경우

(2) 인물상의 크기
인물상이 앉아 있거나, 혹은 가구와 함께 표현되어 있어 전체 크기를 측정하는 것이 곤란할 때가 있는데, 기본적으로 다음의 원칙을 따라 인물의 크기를 측정한다.

- 신체의 중간선을 따라서 측정한다.
- 구부러진 인물상의 경우에는 대각선으로 측정한다.
- 그려진 부분만 측정한다. 예를 들어서 발이 생략되었을 경우는 발가락이 있을 것 같은 위치를 지레 짐작하여 측정하지 않는다.

011. 어머니보다 더욱 큰 자기상

012. 아버지보다 더욱 큰 자기상

013. 어머니보다 더 작은 아버지상

014. 실제 나이 및 키 등에 상관없이 그려진 형제 · 자매들(동생이 더 크게 그려지면, 이 항목으로 채점한다)

015. 부모상보다 더 크게 그려진 자녀들(자기상이 부모에 비해 크게 그려진 경우는 011 혹은 012항에서 채점한다.)

016. 나이가 어린 형제보다 자기상이 더 작게 그려진 경우

017. 자기상이 가족에서 제일 크게 그려진 경우

018. 반려동물이 인간보다 더 크게 그려진 경우

019. 어른이지만 아동의 크기정도로 그려졌거나 아동보다도 더욱 작게 표현된 경우(작게 나타난 어른이 아동의 부모라면 011, 012 혹은 015에서 채점된다.)

020. 전체의 인물상들이 너무 작게 그려진 경우(전체의 인물상들의 높이가 2.54cm 혹은 3.81cm에 미치지 못할 때)

021. 전체의 인물상들이 너무 크게 그려진 경우(전체의 인물상들의 키가 15.234cm보다 더 크게 그려진 경우)

(3) 거리

022. 전체의 인물상들이 다른 구성원들로부터 먼 거리에 있게
     끔 그려진 경우(전체의 인물상들이 옆에 그려진 인물상으로부터 키높
     이 이상으로 떨어진 거리에 위치해 있을 경우 이 항목으로 채점한다.)

023. 자기상이 다른 것과 겹쳐져 있는 경우(인물상이 다른 사물 혹은
     인물상의 안쪽에 겹쳐져 있거나 뒤쪽에 숨겨져 있을 때 또는 포위되어 있
     을 때 이 항목으로 채점한다. 손을 잡고 있는 경우에는 129 항목으로 채점
     한다.)

024. 다른 인물상들끼리 겹쳐진 경우(위에서 채점된 것과 겹쳐진 양상
     이 같을 경우 별도로 채점하지 않는다.)

025. 자기상이 직선거리 상에서 고립되어 있는 경우(자기상을 포
     함한 여러 인물상들이 일렬로 나열되어 있을 때, 특정 인물상과 자기상 간
     의 거리가 서로 인접한 나머지 인물상들 사이의 거리보다 더 멀리 떨어져
     있을 때 이 항목으로 채점한다. 인물상의 신체 중심선을 기준으로 하여 거
     리를 측정하고, 한 인물상의 신체 중심선에서 다른 인물상의 신체 중심선
     까지의 최단거리를 측정하여 비교한다.)

026. 지면을 사등분하였을 때 자기상이 고립된 위치에 있는 경
     우(그림을 가로와 세로로 접어서 사등분하였을 때 자기상이 네 부분 중에
     서 한 면에만 치우쳐 나타나 있다면 이 항목으로 채점한다.)

027. 자기상이 다른 수평면에 위치해 있는 경우(다른 인물상들과 상
     이한 직선상에 위치해 있다면 이 항목으로 채점한다.)

028. 자기상과 어머니상이 동떨어져 있을 때

029. 어머니로부터 두 개의 사등분에 위치하도록 표현된 자기상

030. 자기상과 아버지상이 동떨어져 있는 경우

031. 아버지로부터 두 개의 사등분에 위치하도록 표현된 자기상

032. 어머니상이 직선거리 상에서 고립돼 있는 경우

033. 지면을 사등분했을 때 어머니상이 고립되어 있는 경우

034. 다른 종이 위에 어머니상을 그린 경우

035. 아버지상이 직선거리 상에서 고립되어 있는 경우

036. 지면을 사등분하였을 때 아버지상이 고립돼 있는 경우

037. 다른 종이 위에 그린 아버지상의 경우

038. 아버지상과 어머니상을 따로 떨어져서 그려진 경우

039. 지면을 사등분했을 때, 두 개의 분할 면에 아버지상과 어머
니상이 위치하도록 그려진 경우

040. 아버지상과 어머니상이 모두 직선거리 상에서 고립돼 있
는 경우

041. 지면을 사등분했을 때 아버지상과 어머니상이 고립되어
있는 경우

042. 아버지상과 어머니상을 다른 종이 위에 그린 경우

(4) 물리적 경계

043. 구획화(compartmentalization)

044. 자기상의 포위(선이나 다른 인물상으로 자기상을 둘러싸거나 캡슐 속
에 있는 것처럼 표현되었을 때 이 항목으로 채점한다.)

045. 포위된 어머니상

046. 포위된 아버지상

047. 포위된 다른 인물상

048. 어머니상과 자기상 사이의 경계(두 명 사이에 가구, 난로, 나무 또는 자동차, 벽 등이 있을 때 이 항목으로 채점한다.)

049. 아버지상과 자기상 사이의 경계

050. 어머니상과 아버지상 사이의 경계

051. 다른 여러 인물상 사이의 경계

(5) 방향

052. 자기상의 회전(인물상이 45°) 이상 회전되어서 그려진 경우 이 항목으로 채점한다.

053. 회전된 어머니상

054. 회전된 아버지상

055. 회전된 다른 인물상

056. 회전된 모든 인물상(인물상들의 수직축이 종이의 수직축으로부터 15° 이상 기울어졌다면, 이 항목으로 채점한다.)

057. 다른 인물상에게 등(뒷모습)을 보인 어머니상 혹은 자기상

058. 다른 인물상에게 등(뒷모습)을 보인 아버지상 혹은 자기상

059. 다른 인물상에게 등(뒷모습)을 보인 어머니상 또는 아버지상

060. 표정이 가려져 보이지 않는 자기상(관찰자에게 등을 보이고 있거나 책 또는 신문지에 얼굴이 숨겨져 있는 경우)

061. 표정이 가려져 보이지 않는 어머니상

062. 표정이 가려진 보이지 않는 아버지상

063. 표정이 가려져 보이지 않는 다른 인물상들

(6) 내용

064. 왜곡이나 기괴함(기괴한 내용이거나 괴물을 그리거나 생식기가 드러
난 인물과 같은 부적절한 그림일 때 이 항목으로 채점한다.)

065. 싸움, 논쟁 혹은 폭력의 묘사(폭발, 맹공격하는 비행기, 혹은 총, 날
카로운 칼이나 창, 폭탄 등을 그리는 경우 이 항목에 포함된다.)

066. 비애, 절규, 혹은 불만의 묘사(예를 들어, 얼굴을 찡그린 채 입을 아
래로 향하고 있어 비애 혹은 불만이 강하게 보이는 경우, 이 항목으로 채점
된다.)

067. 비전형적인 가정의 모습(로켓 여행, 우주 생활 등의 환상적 장면이
나 바다 밑 등이 표현된 경우 이 항목으로 채점한다. 만약 이 장면이 괴이하
다면 064항을 부가적으로 채점한다.)

068. 행위들의 분산(인물상들이 서로 간에 활동을 공유하지 않는 경우 혹은
공유된 목적으로 서로를 향하고 있는 것으로 표현되지 않았을 경우, 이 항
목으로 채점한다. 그러나 각 인물상의 활동들이 분산되어 있지만, 하나의
장소에서 서로 소통하는 내용이 그려져 있다면 이 항목으로 채점하지 않는
다. 가족화에 모든 구성원들이 함께 표현되지 않았더라도, 한 가지의 활동
을 두 명이나 그 이상의 인물상이 분담하고 있는 경우에도 이 항목으로 채
점하지 않는다.)

069. 관심사의 분산(인물상들의 활동이 분산되어 있고, 활동의 목적이 서로
다르게 표현된 경우, 이 항목으로 채점한다. 그러나 몇몇의 인물상들이 전
혀 어떠한 활동도 하지 않는 것으로 표현된 경우에는 이 항목으로 채점을
하지 않는다.)

070. 가족 혹은 가족생활과 관계없는 언어적 메시지(그림에 나타

난 언어적 메시지가 가족이나 가족활동에 대한 내용이 아닌 경우 이 항목으로 채점한다.)

071. 자기상이 위험하거나 곤란한 상황에 처해 있는 경우(차도(도로)에 있는 경우나, 받침이 불안정한 사다리의 꼭대기에서 있거나, 나무에 매달려 있는 경우 이 항목으로 채점한다.)

072. 어머니상이 위험하거나 곤란한 상황에 처해 있는 경우

073. 아버지상이 위험하거나 곤란한 상황에 처해 있는 경우

074. 타 인물상이 위험하거나 곤란한 상황에 처해 있는 경우

(7) 상동형

075. 남성과 여성의 차이가 없게 표현된 경우(막대기상의 인물이나 남성과 여성의 구분이 어렵게 그려진 경우 이 항목으로 채점한다. 그리고 다른 부분은 동일하나 머리카락 처리에서만 차이가 나타나는 경우, 다른 부분은 동일하나 남성은 타원형의 몸통으로 여성은 삼각형의 몸통으로 그린 경우, 다른 부분은 동일하나 유일한 차이점으로 여자에게는 단추를, 남자에게는 허리띠를 그린 경우처럼 남성상과 여성상 간에 최소한의 차이만 있는 경우도 이 항목으로 채점한다. 여성이 드레스나 원피스 등을 입고 있어 의상의 특징을 통해 성별을 나타냈다면 이 항목으로 채점하지 않는다. 여성의 유방과 같이 2차 성징의 특징이 표현된 그림 또한 이 항목으로 채점하지 않는다.)

076. 수의적인 운동능력의 결핍(운동성이 포함된 인물상들을 그리도록 지시하였음에도 불구하고, 전체 인물상이 정면을 바라보고 서 있는 것처럼 표현되었을 경우 이 항목으로 채점한다. 막대기처럼 그린 경우에도 이 항

목으로 채점된다.)

077. 대상이나 장면에서의 운동마비(인물들이 막대기상으로 표현되어
　　　있는 경우 이 항목으로 채점된다. 교회에 가고 있는 것을 나타내기 위해서
　　　교회를 그리는 것처럼, 활동의 대상이 되는 사물을 나타냄으로서 특정 활
　　　동을 하고 있음을 드러내는 경우가 있는데, 이런 경우라도 전체 인물상들
　　　이 아래 누워있거나, 경직된 태도로 팔을 들고 있는 모습이나 혹은 일률적
　　　으로 의자에 앉아 있는 모습처럼 신체 방향의 차이 없이 단순히 앞쪽을 향
　　　하도록 표현되어 있다면 이 항목으로 채점한다.)

(8) 신체 왜곡

078. 전체 인물상에서 신체 부분의 통합이 빈약할 경우

079. 신체 부분의 통합이 빈약한 자기상

080. 어머니상에서 신체 부분의 통합이 빈약한 경우

081. 아버지상에서 신체 부분의 통합이 빈약한 경우

082. 신체 부분의 통합이 빈약한 다른 인물상의 경우

083. 전체 인물상에서 사지의 불균형 정도가 지나칠 경우(팔, 다
　　　리 한쪽이 다른 쪽과 크게 모양이 다른 경우에 이 항목으로 채점한다. 양팔
　　　이나 양다리의 불균형이 뚜렷하게 드러나지 않았다면 이 항목으로 채점하
　　　지 않는다.)

084. 자기상에서 사지의 불균형 정도가 지나친 경우

085. 어머니상에서 사지의 불균형 정도가 지나친 경우

086. 아버지상에서 사지의 불균형 정도가 지나친 경우

087. 다른 인물상이 사지의 불균형 정도가 지나친 경우

088. 전체 인물상의 신체, 얼굴, 사지 손, 목 등에 음영이 나타난 경우('주근깨', '홍역' 등의 표시도 포함된다.)

089. 자기상에서 신체, 얼굴, 사지 손, 목 등에 음영이 나타난 경우

090. 어머니상에서 신체, 얼굴, 사지 손, 목 등에 음영이 나타난 경우

091. 아버지상에서 신체, 얼굴, 사지 손, 목 등에 음영이 나타난 경우

092. 다른 인물상에서 신체, 얼굴, 사지 손, 목 등에 음영이 나타난 경우

093. 전체 인물상이 속이 들여다보이게끔(transparent) 그려진 경우(투시된 부분이 신체나 사지의 주요한 부분을 포함한다면 이 항목으로 채점한다. 신체를 가로지르는 팔의 선 또는 단순한 직선은 이번 항목으로 채점하지 않는다.)

094. 투시적(transparent)인 자기상

095. 어머니상이 투시적(transparent)으로 그려진 경우

096. 아버지상이 투시적(transparent)으로 그려진 경우

097. 다른 인물상이 투시적(transparent)으로 그려진 경우

098. 전체 인물상에서 팔이 짧게 그려진 경우(팔이 허리선에 닿지 않을 정도 짧게 그려진 경우 이 항목으로 채점한다.)

099. 자기상에서 팔이 짧게 표현된 경우

100. 어머니상에서 팔이 짧게 표현된 경우

101. 아버지상에서 팔이 짧게 표현된 경우

102. 타 인물상에서 팔이 짧게 표현된 경우

103. 전체 인물상에서 팔이 길게 표현된 경우

104. 자기상에서 팔이 길게 표현된 경우

105. 어머니상에서 팔이 길게 표현된 경우

106. 아버지상에서 팔이 길게 표현된 경우

107. 팔이 길게 표현된 다른 인물상의 경우

108. 전체 인물상에서 손이 크게 표현된 경우(손이 인물상의 얼굴만

큼이나 그 이상으로 크게 표현된 경우 이 항목으로 채점한다.)

109. 손이 크게 표현된 자기상

110. 어머니상에서 손이 크게 표현된 경우

111. 아버지상에서 손이 크게 표현된 경우

112. 다른 인물상에서 손이 크게 표현된 경우

113. 전체 인물상에 치아가 표현된 경우

114. 자기상에 치아가 표현된 경우

115. 어머니상에 치아가 표현된 경우

116. 아버지상에서 치아가 표현된 경우

117. 치아가 표현된 다른 인물상의 경우

118. 전체 인물상에서의 생략된 손의 표현(팔에 손과 손가락이 모두

없을 때 이 항목으로 채점한다. 단 손이 인물상의 주머니 안에 있거나 등 뒤

에 숨겨져 있을 때는 118번 항목으로 채점하지 않는다.)

119. 자기상에서 손의 생략

120. 어머니상에서 손의 생략

121. 아버지상에서 손의 생략

122. 다른 인물상에서 손의 생략

123. 전체 인물상에서 발의 생략

124. 자기상에서 발이 생략

125. 어머니상에서 발의 생략

126. 아버지상에서 발의 생략

127. 다른 인물상에서 발의 생략

128. 전체 인물상에서 목의 생략

129. 자기상에서 목의 생략

130. 어머니상에서 목의 생략

131. 아버지상에서 목의 생략

132. 다른 인물상에서 목의 생략

133. 전체 인물상에서 얼굴형상의 생략(눈이나 입이 생략된 경우 이 항목으로 채점한다. 코가 생략된 경우에는 이 항목으로 채점하지 않는다. 예를 들면, 등을 돌리고 있어 얼굴이 숨겨진 인물상의 경우 이 항목으로 채점하지 않는다.)

134. 자기상에서 얼굴의 형상이 생략되었을 때

135. 어머니상에서 얼굴 형상이 생략되었을 때

136. 아버지상에서 얼굴 형상이 생략되었을 때

137. 다른 인물상에서 얼굴 형상의 생략

138. 전체 인물상에서 불완전한 신체 구성(팔, 다리, 몸통 등이 생략되었다면 이 항목으로 채점한다. 이 부분들이 애매하게 벽이나 가구 등과 닿아 있어 그려지지 않은 경우 이 항목으로 채점한다. 그러나 손이나 발이 생략된 경우는 118~127항목에서 채점한다.)

139. 자기상에서 불완전한 신체 구성

140. 어머니상에서 불완전한 신체 구성

141. 아버지상에서 불완전한 신체 구성

142. 다른 인물상에서 불완전한 신체 구성

(9) 건강 척도

143. 부모가 함께 표현된 경우(두 인물상 사이 다른 사람 경계, 벽, 구획, 포위 등이 없다면 이 항목으로 채점한다. 인물상들 사이의 거리는 최소한 인물상의 신장보다는 가깝게 표현돼야 한다.)

144. 사등분된 지면의 한쪽 면에 함께 그려진 부모(어머니상과 아버지상의 사이에 다른 인물상 혹은 다른 사물이 있을 경우 이 항목으로 채점한다.)

145. 어머니상과 아버지상의 크기가 같거나 아버지상이 더욱 큰 경우

146. 자기상의 크기보다 부모상이 더 큰 경우

147. 적절한 크기로 그려진 자기상(나이 많은 아동에 비해서 나이 어린 아동이 더욱 크게 표현된 경우)

148. 자기상을 어머니상과 유사하게 그린 자기상(여아일 때, 머리나 옷 모양 등에서 부모와 유사하게 표현된 경우와 신체적 자세가 비슷한 경우에 이 항목으로 채점한다. 여성상들 사이의 유사성은 다른 인물상, 특별히 남성상들의 특징과는 서로 달라야 한다.)

149. 아버지상과 유사하게 그린 자기상(남아일 때, 머리나 옷 모양 등에서 부모와 유사하게 표현된 경우와 신체적 자세가 비슷한 경우에 이 항목으로 채점한다.)

150. 자기상과 어머니상 간에 유사한 활동 또는 특정 활동의 공유

151. 자기상과 아버지상 간에 유사한 활동 또는 특정 활동의 경우

152. 자기상이 어머니상 쪽으로 향하고 있는 경우(서로 마주보거나 쳐다보고 있는 경우에 이 항목으로 채점한다.)

153. 자기상이 아버지상 쪽으로 향하고 있는 경우

154. 지면을 사등분했을 때, 같은 분할 면에 있는 자기상과 어머니

155. 지면을 사등분했을 때, 같은 분할 면에 있는 자기상과 아버지

156. 인물상들 간에 팔 또는 손이 닿아 있는 경우

157. 그림에 쓰인 언어적 메시지가 가족에 관한 내용을 포함하고 있는 경우

3. 마이어의 채점기준

번스와 카우프만의 이론적 · 임상적 가설에 바탕을 두어 마이어(Myers, 1978)가 개발한 채점체계로서, 여기에는 KFD 검사와 이론적으로 관련된 26개의 변인이 정의되어 있고, 그 변인을 채점하는 절차가 기술되어 있다. KFD의 정확한 채점을 위해서는 반드시 이 채점지침을 자세히 읽고 아동의 인적 사항을 참고해야 한다. 각 항목들은 한 변인에 해당하여 0점(적응), 혹은 1점(부적응)으로 채점된다.

(1) 정적 변인(static variables)

① 지움(erasure)

인물이나 사물을 1회 이상 지웠는지 여부를 보는 변인이다.

갈등 및 양가감정 등을 통제하려는 강박적 욕구의 반영이다.

- 1점: 2회 이상 지우기
- 0점: 전혀 지우지 않음

② 길게 뻗은 팔(arm extensions)

매우 길게 팔이 그려진 인물상이 있는지를 살피는 변인이다. 강한 환경에 대한 지배 욕구와 관계있다.

- 1점: 팔 길이(어깨선에서 손가락 끝까지)가 어깨선에서 무릎까지의 길이보다 더 긴 경우
- 0점: 적절한 팔과 다리의 비율과 지나치게 길지 않은 팔

③ 기본적 신체 부위의 생략

기본적인 인물상의 신체 부분 중에서 생략된 부분이 없는지를 보는 변인이다. 이때 몸통, 팔, 손, 다리, 발, 눈, 코, 입, 등이 기본적으로 갖추어져야 할 신체 부분이다. 기본적인 신체 부위의 생략은 갈등이나 불안, 특정한 신체 부위에 대한 심리적인 어려움을 부인하고 회피하는 것과 관련된다.

- 1점: 기본적인 신체 부위의 생략(단, 다른 대상, 예를 들어 책상 혹은 나무 등에 의해 가려지거나 혹은 옆모습이어서 나타나지 않은 경우는 제외한다.)
- 0점: 기본적인 신체 부위의 적절한 갖춤

④ 회전(rotation)

특정 인물상이나 사물의 가로축이나 세로축이 다른 인물 상들이나 사물들에 비하여, 45도 이상 기울어져 있는지를 살펴보는 변인이다. 특정 인물이나 사물에 대한 거부 및 배척 등과 관계가 있다.

- 1점: 타 인물상들에 비하여 한 명 이상의 인물상이 45 도 이상 기울어져 있는 상황(거꾸로 뒤집혀 있거나 누워있는 모습으로 표현된 경우도 해당된다.)
- 0점: 비슷한 기울기(0~45°)로 표현되어 있는 전체의 인 물들

⑤ 음영 혹은 사선(shading or cross hatching)

인물상 혹은 사물을 어둡게 칠하거나, 사선으로 나타낸 부 분을 메우거나, 별도의 선을 그려 넣었는지의 여부를 살펴 보는 변인이다. 음영이나 사선이 그려진 경우, 특정 인물 에 대한 불안, 고집, 억제, 몰두를 나타내는 것으로 해석될 수 있다.

- 1점: 인물(사물)에 음영을 넣거나 사선을 표현한 경우
- 0점: 인물(사물)에 음영이나 사선이 표현되지 않은 경우
  (머리에 음영이나 사선을 그려 넣은 경우는 0점에 해당된다.)

⑥ 뒷모습의 인물(figures on back)

뒷모습으로 그려진 인물상이 있는지 살펴보는 변인이다.

특정 인물과의 갈등을 암시한다.

- 1점: 뒷모습으로 그려진 하나 이상의 인물상
- 0점: 전체 인물이 옆모습이나 앞모습으로 표현된 경우

⑦ 회피(evasion)

인물상들이 부동자세로 서 있거나 막대기 형상(stick figure)으로 그렸는지를 보는 변인이다. 이러한 양상의 그림은 가족 내의 갈등이나 저항을 시사한다.

- 1점: 부동자세나 막대기 형상의 인물상
- 0점: 부동자세나 막대기 형상으로 그려져 있지 않은 인물상

⑧ 가족 수

함께 살고 있는 가족 구성원 모두를 포함시켰는가를 보는 변인이다. 가족 구성원 간에 배척감, 고립감 등의 부정적 감정이 존재함을 의미할 수 있다.

- 1점: 가족 구성원 중에서 한 명 이상 제외
- 0점: 모든 가족 구성원의 포함

⑨ 키 순서(relative height)

인물상의 크기를 가족 구성원의 실제 신장이나 가족 내의 연령 서열과 일치하게 그렸는지를 살펴보는 변인이다. 지배욕구, 힘에 대한 추구나 부적절감 등을 시사한다.

- 1점: 연령순서와 종이 바닥에서부터 인물상의 머리끝 까지의 높이가 일치하지 않는 경우(자기상의 생략도 1점으로 채점한다.)
- 0점: 인물상들의 신장과 연령 서열이 일치하는 경우

⑩ 자기상의 위치(location of self)
가족 내 연령 순서에 적절하게 자기상을 위치시켰는지를 보는 변인이다.
- 9점: 가족 구성원 중에서 자신만 그려 넣지 않은 경우
- 1점: 가족 내 연령 순서에 맞지 않게 자기상을 위치시 킨 경우
- 0점: 가족 내 연령순서와 자기상의 위치를 일치시킨 경우

(2) 운동 상호작용 변인(action & interaction variables)

① 물리적 근접성(physical proximity)
다른 인물상과 자기상 간의 거리를 보기 위한 변인이다. 가정 내에서의 고립과 배척, 수용과 지지 등과 관련이 있다.
- 9점: 자기상의 생략
- 1점: 여러 인물상들 사이에 존재하는 거리들 중, 자기 상으로부터 가장 멀리 있는 인물상과 자기상의 사이에 존재하는 간격이 제일 큰 경우
- 0점: 여러 인물상들 사이에 존재하는 거리들 중, 자기

상과 자기상으로부터 가장 멀리 위치한 인물상 사이에
존재하는 간격이 제일 크지 않을 때

② 장애물(barriers)

인물상들의 사이를 나무나 벽과 같은 사물이 가로막고 있
는지를 보는 변인이다. 이러한 경우는 정서적 교류의 단절,
방어, 경계 등을 나타낸다.

- 1점: 다른 인물상과 자기상 사이의 장애물
- 0점: 자기상과 다른 인물상 사이에 존재하지 않는 장애물

③ 아버지상의 활동 수준(activity level of father figure)

활동성을 얼마나 아버지상에게 부여했는가를 보는 변인이
다. 아버지상이 적절한지 부적절한지를 나타낸다.

- 1점: 가만히 앉아 있거나 누워있거나 부동자세로 서 있
  는 등 운동성이 대체로 없는 모습으로 나타난 경우(아
  버지상의 생략 시 1점으로 채점한다.)
- 0점: 아버지상에 공을 던지거나 걸어가는 것 같은 운동
  성이 표현된 경우

④ 어머니상의 활동 수준(activity level of mother figure)

어머니상에 얼마만큼의 활동성을 부여했는가를 보는 변
인이다. 어머니상이 적절한지 부적절한지를 나타낸다.

- 1점: 가만히 앉아 있거나 누워있거나 부동자세로 서 있

는 등 운동성이 대체로 없는 모습으로 나타난 경우(어머니상의 생략 시 1점으로 채점한다.)

- 0점: 어머니상에 활동성이 부여된 경우

⑤ 자신상의 활동 수준(activity level of self figure)

활동성을 자기상에 얼마나 부여했는가를 보는 변인이다. 자기존중감 혹은 부적절감을 나타낸다.

- 9점: 자기상의 생략
- 1점: 가만히 앉아 있거나 누워 있거나 부동자세로 서 있는 등 운동성이 대체로 나타나지 않은 경우
- 0점: 운동성이 부여된 자기상

⑥ 인물상의 안전도(safety of figure)

쉽게 다칠 수 있는 상황에 놓여 있는가를 보는 변인이다. 정서적 갈등, 긴장, 불안 등을 나타내준다.

- 1점: 인물들이 위험한 상황에 있는 경우(함정, 지붕 위, 사다리 꼭대기 등)
- 0점: 서로 주의가 필요한 상황이라도 정상적이고 안전한 상황에 있는 경우

⑦ 가족 간의 상호작용(interaction of figure)

인물상들 간에 함께 활동하거나 노는 등의 상호작용이 존재하는가를 보는 변인이다. 가족 내의 상호작용과 응집력의 정도, 분열 등을 나타낸다.

- 1점: 가족 내 어떠한 상호작용도 없을 경우
- 0점: 가족 내 한 가지 이상의 상호작용이 있을 경우

⑧ 자기와 가족과의 상호작용(interaction with self)
자기상과 가족들 간에 상호작용이 있는지를 보는 변인이다. 가족 내에서 느끼는 배척감, 괴리감 등과 관계 있다.
- 9점: 자기상의 생략
- 1점: 자기상과 다른 인물상 사이의 상호작용이 없는 경우
- 0점: 다른 인물상과 자기상 간에 상호작용이 있는 경우

(3) 상징변인(symbol variables)

① 가족 간의 힘의 장(fields of force) 1
축구공 혹은 그밖에 던질 수 있는 동그란 사물이 표현되어 있는지를 보는 변인이다. 경쟁이나 질투 등을 나타낸다.
- 1점: 그림에 공 종류가 표현된 경우
- 0점: 그림에 공 종류가 나타나지 않는 경우

② 가족 간의 힘의 장 2
그림에 TV, 전깃불, 램프, 태양 등의 사물이 그려져 있는지를 보는 변인이다. 사랑 및 애정에 대한 욕구를 나타낸다.
- 1점: 위의 사물이 그림에 나타난 경우

- 0점: 위의 사물이 그림에 나타나지 않는 경우

③ 가족 간의 힘의 장 3

그림에 칼과 같은 날카로운 물체나 불, 다이너마이트와 같은 위험한 사물이 나타나는지를 보는 변인이다. 분노, 적개심과 관련된다.
- 1점: 위의 사물이 그림에 나타난 경우
- 0점: 위의 사물이 그림에 나타나지 않는 경우

④ 가족 간의 힘의 장 4

나무나 꽃에 물을 주는 모습이 표현되어 있는지를 보는 변인이다. 애정욕구 및 사랑 받고 싶은 욕구를 보여준다.
- 1점: 그림에 위 같은 모습이 나타난 경우
- 0점: 그림에 위 같은 모습이 나타나지 않는 경우

(4) **양식변인**(style variables)

① **구획화**(compartmentalization)

특정 인물을 다른 인물로부터 분리시키기 위해 직선이나 원을 사용했는지를 보는 변인이다. 소외감, 자기 고립 등과 관계있다.
- 1점: 선이나 원 등을 사용하여 한 명 이상의 인물상을 분리

- 0점: 선이나 원으로 인한 분리가 나타나지 않는 경우

② 가장자리에 그림(edging)

종이의 가장자리에 모든 가족 구성원을 위치시켜 놓았는지를 보는 변인이다. 저항, 방어, 거부감을 나타낸다.
- 1점: 전체 가족 구성원을 가장자리에 그리는 경우
- 0점: 전체 가족 구성원을 가장자리에 그리지 않는 경우

③ 밑줄 긋기(underling)

특정 인물이나 종이의 하단 혹은 상단에 밑줄을 긋는지를 보는 변인이다. 가족 구성원 간 갈등과 불안, 위기감을 시사한다.
- 1점: 밑줄이 그어진 경우
- 0점: 밑줄이 존재하지 않는 경우

④ 둘러싸기(encapsulation)

원이나 사각형 등으로 인물상을 둘러싸고 있는지를 보는 변인이다. 위협적 인물의 제거욕구, 고립감 등을 반영한다.
- 1점: 한 명 이상의 인물이 원이나 사각형 속에 들어가 있는 경우
- 0점: 인물을 둘러싸는 원 혹은 사각형이 나타나지 않는 경우

④ 항목별 사례

구획화를 보여주는 그림(박○석, M/7)

구획화의 특징이 뚜렷하게 드러나는 그림이다. 그림을 수직, 수평선을 이용하여 3등분하였으며 각각의 공간에 한 명씩 인물을 배치하였다. 3개의 공간 중 자신이 속하여 있는 공간이 가장 넓게 그려졌으며 웃는 표정으로 정면을 바라보고 있다. 그러나 밝은 표정과는 대조되는 분위기의 빈 의자만 있는 식탁이 하단에 표현되어 있다. 그림 내에서 구획화를 통하여 가족 구성원들을 선으로 구분지음으로써 평소 가족 간에 상호작용과 정서적 교류 등이 원만히 이루어지지 못할 가능성을 나타내었다. 뿐만 아니라 가족들이 함께 식사하고 대화하는 공간에 가족 구성원이 아무도 없는 것으로 보아 상호작용의 부재로 인한 공허함, 외로움 등을 느끼고 있음을 알 수 있다.

인물상의 크기에 관한 그림(이○선, M/12)

그림에 그려진 3명의 인물상의 크기 차이가 분명하게 드러나는 것이 이 그림의 가장 큰 특징이다. 그림에 표현된 인물은 할머니, 자신, 아빠의 모습이며 엄마의 모습은 그림에 그려지지 않았다. 실제 자신은 할머니와 둘이 살고 있으며 엄마는 돌아가셨고 아빠와는 따로 살고 있다. 가장 먼저 할머니의 모습을 그렸으며 가장 크게 그려진 것으로 보아 자신에게 할머니의 존재감이 크며 의존도가 높음을 나타낸다.

더 나아가 엄마의 부재로 인한 외로움, 모성에 대한 욕구를 할머니를 통하여 충족 받고 있음을 알 수 있다. 그림에서의 할머니와 비교하여 봤을 때 상대적으로 아빠의 크기는 작게 표현되었는데 현재 같이 살고 있지 않은 상황 등으로 인하여 심리적, 정서적인 거리감이 나타났다고 볼 수 있다. 또한 각 구성원이 구획화 되어있는 공간에 각각 배치되어있는 것으로 보아 가족 간의 단절감으로 인해 자신이 심리적으로 불편함을 느끼고 있음을 알 수 있다.

인물상의 거리를 보여주는 그림(박○선, F/10)

언니는 침대 위에서 휴대전화를 보는 모습, 자신은 언니 방에서 화장품 구경도 하고 늘 남동생에게 무한한 사랑과 관심을 쏟는 엄마에 관해 이야기를 나누고 있는 모습, 엄마는 거실에서 TV를 보기도 하고 남동생이 밥을 잘 먹고 있는지 바라보고 있는 모습으로 그렸다. 남동생은 엄마가 차려준 밥을 먹고 있는 모습, 아빠는 노트북을 하고 있는 뒷모습이라고 한다. 가족 구성원 중 자신과 언니를 가장 가까이 그리고 부모님과 동생을 멀리 그림으로써, 그리고 다른 요소로 미루어 봐서도 내담자는 언니에 대한 의지와 친밀감을 나타내고 있으며, 동생에 대한 질투심과 엄마에 대한 부정적 감정과 갈등을 경험하고 있는 것으로 보인다.

인물상의 방향을 보여주는 그림(최○혁, M/29)

주말에 신혼집인 자신의 집에서 가족들이 놀러와 화목하게 고스톱을 치고 있는 모습이다. 자신은 혼자 소파 위에 앉아서 코미디 TV프로그램을 보고 있다. 가족 안에서 다소 거리감과 소외감을 느끼고 있는 것으로 보인다. 그리고 자신을 뒷모습으로 그렸는데 실제로 이 그림을 그린 사람은 부모님과 다른 가족 안에서 미묘한 갈등과 낮은 존재감, 고립감을 경험하고 있으며 이로 인한 낮은 자존감, 우울, 분노감이 다소 있는 것으로 표현되었다.

이○민, F/13

자신, 엄마, 언니, 작은오빠, 여동생 순서로 그림을 그렸다. 아빠는 회사에 가고 큰오빠는 군대를 갔다. 언니는 고3이라 짜증을 내는 경우가 많고 작은 오빠는 학교에서 돌아와 컴퓨터만 한다. 엄마가 자신한테 매일 집안일을 시켜서 힘들다고 언급하였다.

　자신을 가장 크게, 가장 먼저 그린 것으로 보아 자기중심적인 성향이 강한 것으로 보인다. 다른 가족 구성원의 표정과는 달리 자신의 표정을 불만 가득하게 표현한 것은 가정 안에서의 자신의 역할과 존재감에 대하여 부정적으로 인식하고 있음을 나타낸다. 또한 아빠를 그리지 않은 것은 아빠와의 단절, 대화 부족, 정서적 교류의 결핍 등을 상징한다. 엄마의 위치가 화면의 가장 위쪽에 위치하는 것은 엄마가 가족 구성원 내에서 갖고 있는 권위를 상징한다. 자신에게 있어서 상대적으로 아빠보다는 엄마의 존재와 역할이 큰 것을 나타낸다.

김○석, F/27

아빠, 엄마 순서로 그렸으며 자신은 그리지 않았다. 첫 번째로 그린 과묵한 성격의 아빠는 저녁식사 후 거실 의자에 앉아 신문을 보고 있는 모습이다. 아빠는 집안에서의 중심이며 모든 결정권은 아빠에게 있다고 하였다. 그로 인하여 아빠와 자신 사이에 갈등이 잦으며 의사소통이 거의 없다고 한다. 엄마는 설거지를 마치고 난 뒤 과일을 준비해 거실로 걸어 나오는 모습이며 자신은 방안에서 책을 보거나 컴퓨터 등 할 일을 하고 있는 상태이다.

선의 표현이 각이 져 있고 부분적으로 끊겨 있는 것으로 보아 가족 내의 경직된 분위기를 파악할 수 있다. 또한 문이 닫혀 있으며 창문의 크기도 작고 창문 밖의 외부세계에 대한 묘사가 전혀 없다. 이를 통하여 자신이 외부세계에 대하여 소통이 부족한 현실, 가족 내에서 느끼는 상호작용이 적어 고립감을 느끼는 것을 파악할 수 있다. 가족 구성원에서 자신의 존재가 생략된 것이 특징적이다. 이는 권위적인 아빠와의 관계개선을 위한 의지가 부족한 것으로 보이며 가족과 함께 있는 상황을 회피하려는 것으로 보인다. 엄마는 아빠와 자신과의 관계에 중재자 역할을 해주는 인물로 보이는데 엄마 역시 아빠와 거리를 유지하며 시선을 마주치지 않고 있다. 엄마도 가족 내에서 적극적인 중재자로서의 역할을 제대로 하지 못하고 남편의 권위에 위축되어 있음을 상징한다.

이○선, F/49

남편, 딸, 자신의 순서로 그림을 그렸다. 남편은 계속 TV만 보고, 딸은 공부하다 힘들어서 자고, 아들 두 명 중 작은아들은 외출하고 큰아들은 타지에 취업을 하여 그리지 않았다. 자신은 오른쪽 위에 그렸으며 빨래를 널고 집안일을 하고 있다. 자신이 책임감이 없는 남편에게 TV 좀 그만보라고 소리쳤지만 듣지도 않고 TV만 보고 있는 모습이다.

아들 두 명은 생략되고 각 가족 구성원들을 구획 나누기 하여 남편을 중심에 그렸으며 자신과 딸은 양쪽 가장자리에 그렸다. 가족 구성원이 모두 뒷모습으로 표현된 것은 가족 간의 부족한 상호작용, 정서적 교류를 상징한다. 또한 단조로운 선으로 표현된 점, 그림이 위쪽으로 치우쳐 있는 점은 자신의 우울감, 단절로 인한 고립감을 상징한다.

안ㅇ국, M/27

자신, 엄마, 여동생의 순으로 그렸다. 엄마와 자신이 술을 마시며 일주일 동안 지냈던 일들을 주제로 이야기 나누는 모습을 표현하였다. 처음에는 엄마와 자신 만을 그려 넣었으며 이후 동생의 모습을 첨가하였다. 아빠는 자신이 군 복무를 하 던 중에 돌아가셨으므로 그림에서도 그리지 않았다. 평소 생활 속에서 주로 동생 과 엄마가 이야기를 주도해 나가는 편이며 자신은 듣는 입장에 놓일 때가 많다고 설명하였다. 그림 속의 자신과 엄마의 모습은 마주보고 있으며 크기는 비슷하게 표현되었다. 동생은 가장 중앙에 있으나 엄마와 본인의 크기보다는 작게 그려 넣 었다. 엄마의 손은 생략되어 있으며 동생과 자신의 발 역시 생략되어 있다. 인물 의 얼굴에서 코와 입은 모두 생략되었으며 눈은 동일하게 웃는 모습으로 그렸다. 가족 구성원의 주변을 아우르는 원형을 그려 넣었으며 음표를 덧붙여 즐거운 분 위기를 연상시키도록 하였다.

　아빠를 그려 넣지 않는 것으로 현재 가장의 부재 상황을 표현하였다. 엄마와 자 신의 크기를 거의 동일하게 표현하였는데 이는 자신이 아버지의 역할을 대신하여 가장의 몫을 감당해야 하는 상황을 드러내기도 한다. 동생의 모습은 상대적으로 작게 표현하고 마지막에 첨가한 것으로 보아 자신이 책임지고 이끌어주어야 하는 상황에 대해 부담감을 느끼고 있을 수 있다. 그림의 중심에 있는 원은 세 명의 가 족 구성원을 한 공간으로 묶는 역할을 하는 것으로 보인다. 가장의 부재 상황에서 남은 가족 구성원들이 더욱 심리적 · 정서적으로 결합되어야 한다는 의지가 원으 로 표현되었다고 볼 수 있다.

고○득, F/53

남편, 자신, 딸의 순서로 그렸다. 처음에는 각각의 가족 구성원을 서로 다른 구획으로 나누어 그리다가 모두 지운 뒤 한 공간에서 식사를 하고 있는 모습으로 수정하여 그렸다. 그림 속의 가족은 바쁜 시간을 쪼개어 식사를 하고 있는 모습이며 서로에게 긍정적인 이야기를 해주고 있는 상황이라고 설명하였다. 남편은 평소 권위적인 성향의 사람이며 과거에 이러한 부분들 때문에 본인과 마찰이 많았다. 자신은 평소 말이 많지 않으며 가족의 평화적인 분위기를 위해 희생하는 부분이 많다고 이야기하였다. 마지막으로 그린 딸은 직장인이라 평소 식사할 시간이 없을 정도로 바쁘며 본인과 사소한 마찰이 많은 편이라고 언급하였다.

전체적으로 그림은 상단에 치우쳐서 그려져 있으며 여러 겹으로 연결하여 겹친 선들이 많이 드러난다. 가족 구성원의 손이 모두 생략되어 있으며 구성원의 크기는 특징적인 차이 없이 비슷하다.

가족 구성원이 사선으로 기울어 있는 점, 상단에 치우쳐 있는 그림 형식은 심리적 불안함과 안정감의 부족을 상징한다. 자신이 가족 내에서 느끼고 싶은 안정감이 충족되지 않는 상태가 드러났다고 볼 수 있다. 가족 구성원의 표정은 화목한 분위기 속의 모습이라고 설명을 덧붙인 것과는 달리 놀란 듯이 크게 그린 눈, 과장된 입으로 표현되었다. 특히 가족 구성원의 손이 모두 생략되어 있는 것이 특징적인데 이는 외부세계와의 원활하지 않은 소통, 단절 등을 상징한다.

조○림, F/19

엄마, 아빠, 자신의 순서로 그려졌다. 엄마는 일을 하고 들어오신 후 저녁준비를 하고 있는 모습을 나타내고 뒷모습으로 표현되었다. 아빠의 모습은 얼굴, 상반신이 드러나지 않고 다리의 일부만 그려졌다. 아빠는 평소 일을 마치고 들어오신 후에 방안에 누워서 영화를 보곤 하신다고 설명하였다. 자신을 화면 가장 앞부분에 그렸고 눈을 감은 듯한 표정으로 책을 읽고 있다. 세 가족 구성원이 같은 동작을 하고 있지 않으며 서로 다른 공간에서 각자의 일을 하고 있는 모습으로 묘사되었다. 특히 엄마의 모습은 뒷모습으로 그려져 구체적인 표정을 파악할 수 없다. 아빠의 모습은 반 이상 문 뒤로 가려져 보이지 않으며 방의 문도 살짝 열려 있는 정도로 드러난다. 그림의 구도를 볼 때 가운데 부분은 아무것도 그려지지 않은 비어 있는 상태이다.

가족이 집이라는 한 공간에 그려져 있긴 하지만 같은 동작이나 상황을 공유하지 않고 있다. 자신 외의 다른 구성원들의 표정을 그리지 않은 것으로 보아 가족 간의 심리적·정서적 교류가 부족하다고 볼 수 있다. 특히 문이 활짝 열려 있지 않으며 부엌에 있는 창문도 작게 표현된 것으로 보아 가족 구성원 간의 상호작용 부족 상황이 간접적으로 드러난다. 중심에 비어 있는 공간이 많은 것은 자신이 가족 내에서 느끼는 심리적 외로움과 고립감으로 해석될 수 있다.

최○이, F/29

본인, 동생, 아빠, 엄마 순으로 그렸다. 가족 구성원이 각자 할 일을 독립적으로 하고 있는 모습이다. 자신은 자신의 방에 누워 음악을 듣고 있고 엄마는 거실에서 TV를 보고 있다. 남동생은 방에서 컴퓨터를 하고 있으며 아빠는 안방에서 TV를 보고 있다. 가족 구성원의 크기는 엄마, 본인, 아빠는 비슷하게 표현되었으며 남동생은 상대적으로 작게 그렸다. 엄마는 중심에 그렸고 나머지 가족 구성원을 각각 모서리에 배치하였다. 자신이 음악을 듣고 쉬고 있는 방은 선을 그려 넣음으로써 다른 공간과 분리시켰다. 전체적으로 필압은 약하지 않으나 부분적으로 끊긴 선으로 표현된 부분이 있다

가족 구성원이 서로 다른 행동과 공간에 있는 것으로 보아 평소 구성원들 사이에 상호작용이 부족할 수 있다. 엄마의 모습을 가장 중심에 그려 넣은 것으로 보아 심리적으로 엄마의 존재에 대한 기대와 의지하고자 하는 마음이 클 수 있다. 그러나 그림 설명 시에 엄마는 피곤한 상태, 졸고 있는 상태로 묘사하였으므로 자신이 의지하고 싶은 마음이 충족되지 않을 수 있다. 동생이 가장 작은 크기로 묘사된 점, 공간에서 가장 뒤쪽에 그려진 점으로 보아 심리적 거리감이 가장 먼 것을 의미한다. 아빠가 TV를 보고 있는 공간과 자신이 있는 방을 선으로 구분하여 표현한 것은 아빠와의 심리적 단절과 괴리감을 나타낸다.

김○준, M/35

아내와 아들이 그림을 그리고 있는 모습이며 둘의 기분이 좋다고 하였다. 그림 속에 드러나지 않는 가족 구성원은 원하지 않는 일을 하고 있는 상태라 생략되었다. 아내와 아들은 자신들의 그림을 완성한 후 각각 아이는 낮잠을, 아내는 외출을 할 것이다. 그림을 그리며 지속적으로 인물의 대칭성을 강조하며 여러 번 수정하였다. 전체적으로 약한 필압의 선을 여러 겹으로 연결하며 그린 것이 특징적이고 아들의 얼굴은 고개를 숙인 상태로 그려 표정이 드러나지 않는다. 그림 속의 공간이 구체적으로 묘사되지 않았으며 그림을 그리는 내내 어서 그림 그리는 것을 마치고 쉬고 싶다는 의사를 표현하였다.

가족을 그리라고 이야기하였으나 그림 속에 자신을 그리지 않은 것은 자신의 정서, 심리적 상태를 드러내기를 회피하는 것으로 해석된다. 또한 가족의 상황에 개입하지 않고 방관하고자 하는 내면 혹은 구성원 내의 심리적인 고립감으로 해석할 수 있다. 인물상을 표현할 때 좌우의 대칭이 맞도록 그려야 한다고 지우개질을 여러 번 하여 수정한 행동으로 보아 평소 강박적인 성향, 일의 수행에 대한 완벽함을 추구하는 성향일 수 있다. 또한 약한 필압의 선을 여러 번 겹쳐 그림을 완성한 것은 자신감의 부족을 상징하고 평소 조심스러운 성격을 나타낸다.

05

동적학교생활화(KSD Test)

　동적학교생활화(KSD: Kinetic School Drawing)는 투사적인 기법으로, 1985년에 노프(Knoff)와 프라우트(Prout, 1988)가 아동과 청소년들이 학교 내에서 그들과 관련성이 있는 학교 인물인 자신, 교사, 교우가 무엇인가를 하고 있는 그림을 그리게 함으로써 학교환경 내에서의 상호관계 및 학업 성취성을 알아낼 수 있다는 생각에서 학교생활그림을 개발하였다. 학교생활화는 학교생활과 관계있는 인물인 자신과 교사 및 교우를 그림에 표현함으로써 그들과의 상호관계, 학업 성취, 개인의 성격과 태도 등을 알아내는 투사기법이다.

■ 실시방법

1. 재료

　A4용지, 4B연필, 지우개

2. 방법

⑴ 종이를 가로로 두고 '자신을 포함한 선생님 및 한 명 이상의 친구들이 함께 무엇인가 하고 있는 모습'을 그리도록 한다. 캐릭터나 막대기 모양의 사람을 그릴 때는 다시 그리도록 하고, 그림을 마친 뒤 그린 순서 및 그림 속 인물이 누구인지 간단히 적어본다.

⑵ 그림 그리기가 다 끝나면 아래의 질문을 한다.

3. KSD 검사 후 질문

– 선생님과 친구는 무엇을 하고 있나요?

– 선생님과 친구가 이랬을 때 본인의 기분은 어떤가요?

– 친구들은 뭐라고 하였나요? 친구들의 기분은 어떤가요?

– 선생님은 뭐라고 하였나요? 선생님의 기분은 어떤가요?

– 그림에 없는 다른 친구들의 경우 무엇을 하고 있나요?

– 추가해서 그려 넣고 싶은 것이 있나요?

– 자신이 그리려고 했던 대로 그려졌나요?

– 잘 그려지지 않거나 그리기 어려웠던 부분이 있나요?

– 이것은 무엇을 그린 것인가요? (이해하기 힘든 부분에 대해) 이것을 그리고 싶었던 이유가 있나요?

❷ KSD 검사의 해석지침

동적학교생활화의 양식과 상징, 등장한 사람 및 등장한 사람 사이의 상호 작용을 이해할 때는 '동적가족화(KFD)'의 해석 방법을 참고한다. 다만 학교생활그림에서는 가족 대신 선생님과 친구가 등장하므로 이들의 상호관계를 살펴봐야 한다. 보통 그림 속에 심리적으로 친한 친구들을 표현하며, 자신과 가까이에 그리거나 자신보다 먼저 그린 인물의 경우 학교에서 가장 친하게 지내거나 의지하는 대상으로 볼 수 있다. 자신을 가장 먼저 그릴 때에는 학교에서 자기주장이 강하고 자신감 있는 생활을 하고, 자신을 나중에 그리는 경우는 겸손하고 내성적일 수 있다. 반면에 자신을 생략하는 경우에는 빈약한 자아개념을 갖고 있거나, 학교생활에 대한 흥미가 없거나, 소속감이 없을 가능성이 있으므로 생활의 어려움을 면밀히 살펴야 한다. 또한 가장 먼저 선생님을 그리거나 중앙에 그렸다면, 학교생활에서 선생님의 위치를 중요하게 여기고 있다는 것이며, 반대로 선생님을 생략했다면 선생님에 대한 무관심, 부정적인 감정 등의 표현일 수 있다.

해석 시 형식적 측면(크기, 방향, 위치, 묘사, 생략, 필압 등)과 내용적 측면(학교생활에서의 적응 여부, 선생님과 친구 간의 상호작용의 정도 등)의 해석 방법은 앞에서 언급했던 KFD 등과 같은 그림 검사들을 참고하면 된다.

❸ 동적학교생활화 검사의 사례

전○선, F/13

오른쪽 긴 머리의 친구가 생일 초대를 하고 있고, 가운데 바지를 입고 있는 자신은 생일초대를 받지 못해 뒤에서 보고 있는 장면이다. 생일 초대를 받지 못한 것에 서운함을 느끼고 있으며 그것이 불공평하다고 생각하고 있다. 이 아동은 생일에 초대받은 친구들을 다 그렸지만 지우고 반복하여 다시 그렸고 계속해서 지우고 다시 그리는 모습을 보였다. 또한 그리기의 시간이 30분 이상이 걸리는 모습이 관찰된 것으로 보아 대인관계에서 긴장감과 불안감이 나타나는 것으로 여겨진다.

실제 아동은 말이 많고 활발하지만 교우관계가 원만하지 않고 친구들이 자신을 별로 좋아하지 않아 자신의 존재감을 알리기 위해 말을 많이 한다고 한다.

정○민, F/19

과거 자살시도 경험이 있었고 초등학교 5학년 때 수학시험을 보는 장면을 표현하였다. 선생님을 그릴 때에는 '기억이 나지 않는다'라고 하며 거부를 보였으며, 선생님께서 수학시험을 너무 어렵게 내서 30~40점을 받았다고 말하며 혼잣말을 반복하였다. 이 과정에서 말을 하지 않으면 불안하다고 이야기하였다. 또한 5학년 때 담임선생님 이야기를 꺼내며 "걔가 내 인생을 망쳤어……. 사소한 일로 혼내고 자기 기분이 좋지 않으면 집에 보내지 않았다"라고 하였다. 선생님에 대한 안 좋은 기억들을 떠올렸다.

내담자는 과거 학교에서의 상처와 힘들었던 문제들을 현재도 해소하지 못하고 가지고 있는 것으로 보이고, 그로 인해 심리적으로 불안정해 보이며 무기력감과 우울감, 자신에 대한 부적절감도 있는 것으로 보인다.

김ㅇ성, M/11

친구, 담임선생님, 자신 순으로 그렸으며 친구는 가장 친한 친구이고 담임선생님은 쉬는 시간에 아이들이 나무 블록으로 탑이나 건물들을 만들고 있는 모습을 사진으로 찍고 있다. 친구와 탑을 쌓고 있는데 자신의 탑이 친구보다 모양이 특이하고 다양하다고 한다. 또한 반 친구들이 그 탑을 보고 멋지다고 칭찬을 해주어서 기분이 좋다고 표현하였다. 그림에서 자신은 친구와 상호작용을 하고 있고, 친구들에게 칭찬받아 기분이 좋은 것으로 보아 학교생활 내에서 원만한 교우관계를 이루고 있음을 알 수 있다. 또한 담임선생님도 자신과 친구의 모습을 사진 찍어주고 있으며 같은 공간에서 함께 상호작용함으로써 선생님 존재에 대해서 긍정적으로 인식하고 있는 것으로 여겨진다.

이ㅇ은, F/13

친구, 담임선생님, 자신 순으로 그렸으며 학교 쉬는 시간에 같은 반 남자아이가 자신을 놀리는 모습이다. 자신에게 '땅꼬마'라고 부르며 약을 올렸고, 이때 선생님은 화가 나셔서 자신을 놀린 남자친구를 야단치고 있다. 자신은 그 상황을 지켜보고 있다. 평소 담임선생님은 구레나룻을 잡아당길 정도로 엄한 편이지만 이날은 자신을 매번 놀리는 아이를 야단쳐주어 자신은 마음이 많이 풀렸고 하였다. 아동은 자신의 콤플렉스인 키를 가지고 놀린 친구에 대한 부정적인 감정을 그림으로 나타내었으며 선생님으로 하여 자신의 부정적 감정을 대신 해소하는 것을 알 수 있다.

최○아, F/13

맨 왼쪽 학급 남자회장, 네모난 박스 옆의 자신, 오른쪽 끝 책상에 앉아 있는 부회장 친구 순으로 그렸다. 교실 안에서는 남자 친구들이 여자 친구들을 괴롭히며 즐거워하고 있고 괴롭힘을 받고 있는 여자아이는 교실에서 찐따(왕따)라고 한다. 또한 선생님은 그림에 나타나지 않았으며 오른편에 말풍선으로 대신하였다. 선생님은 회장단들에게 심부름을 시키고 있으며 회장단들은 교실 안에서 일을 하고 있다. 교실 속 자신과 그림 속 친구들은 자신과 회장이 일을 하고 있는 상황에서 도움을 전혀 주고 있지 않는 것에 대해서 불만이 나타나 있다.

　자신이 회장단에 속해 있어 책임감 있는 모습으로 일을 하고 있지만 도와주지 않고 있는 부회장단과 친구들에 대해 부정적 감정이 나타나며, 선생님은 자신에게 일을 시키고 있는 존재로만 인식되고 있는 것을 알 수 있다.

강ㅇ아, F/12

교탁의 선생님 뒷모습, 책상들, 자신, 남자아이 순으로 그렸으며, 그림을 그리기 전 어떤 것을 그려야 할지 모르겠다고 고민을 했다. 또한 계속해서 그림을 그려달 라고 요구하였다. 선생님은 교탁에 그냥 서 있고, 교실 가운데선 항상 자신 뒤에 쫓아다니는 남자를 그렸다. 아동은 남자아이가 자신을 쫓아와서 귀찮기도 하지만 친한 사이이고 좋다고 한다.

  이 아동은 친오빠가 장애 아동으로 항상 아동이 수업이 끝나면 전화를 하고 학 교로 데리러 오는데 그림에서 나타나는 남자아이의 모습은 자신의 오빠의 모습과 비슷하게 표현되고 있으며 남자 아동이 자신의 오빠의 모습으로 투영되고 있음을 알 수 있다. 또한 평소 거친 말투와 행동으로 친구들이 주위에 많이 없으며 선생 님과의 상호작용도 많이 부족한 것으로 보인다.

06

자화상 그림검사(SPD TEST)

자화상 검사(SPD Test: Self-Portrait Drawing Test)는 '남이 보는 나', '내가 보는 나'를 전신 모습의 자화상으로 표현하여 자아존중감에 대해 평가할 수 있도록 김선현과 정지영(2011)이 고안해 낸 미술치료 척도검사이다. 자화상은 자기가 그린 자신의 초상화로서, 무의식적 차원의 신체상 및 자아상에 대한 자신의 지각과 느낌 등을 반영한다.

❶ 실시방법

1. 재료
A4용지, 4B연필, 지우개

2. 방법
(1) 환자에게 "'남이 보는 나'를 사람으로 그려주세요. 머리부터 발끝까지

전신으로 가능한 정성껏 그려주세요"라고 한다.

⑵ 그림을 그린 후에는 "그림에서의 '나'의 나이는 몇 살인가요? 그림에
서의 '나'의 기분은 어떠한가요?"라는 두 가지 질문을 하여 그 내용을
치료사가 그림 설문지에 기록한다.

⑶ 환자에게 "'내가 보는 나'를 사람으로 그려주세요. 머리부터 발끝까지
전신으로 가능한 정성껏 그려주세요"라고 한다.

⑷ 그림을 그린 후에는 "그림에서의 '나'의 나이는 몇 살인가요? 그림에
서의 '나'의 기분은 어떠한가요?"라는 두 가지 질문을 하여 그 내용을
치료사가 그림 설문지에 기록한다.

❷ 자화상 그림검사의 해석지침

자아존중감 그림 척도(Self-esteem Drawing Scale: SED)는 Likert 2점 척도로 평
정되어 있으며, 총 40개의 문항으로 구성되었다. '남이 보는 나' 그리고 '내
가 보는 나'가 그려진 두 가지의 자화상을 문항마다 비교하여, 두 그림 간의
차이 유무를 기록하게 된다. 긍정적 문항 30개, 부정적 문항 10개, 총 40개
의 문항이다. 긍정적 문항의 'Yes'는 0점, 'No'는 1점으로 각각 계산하며, 부
정적 문항은 역으로 환산한다. 부정적인 문항은 5, 7, 12, 15, 20, 21, 25, 31,
37, 39이다. 범위는 총 0~40점까지이며, 자아존중감은 점수가 높을수록 높
은 것을 뜻한다.

그 외 사람 그림에 대한 해석은 앞부분에 제시되었던 인물화 검사(DAP)의
해석 기준을 참고하면 된다.

자화상 그림 검사(Self-portrait Drawing Test)

'남이 보는 나'를 <u>사람</u>으로 그려주세요.

<u>머리부터 발끝까지</u> 전신으로 가능한 한 정성껏 그려주십시오.

✔ 그림에서 '나'의 나이는? _____세

✔ 그림에서 '나'의 기분은 어떠한가요? _____

'내가 생각하는 나'를 <u>사람</u>으로 그려주세요.

<u>머리부터 발끝까지</u> 전신으로 가능한 한 정성껏 그려주십시오.

```



```

✔ 그림에서 '나'의 나이는?   _____세

✔ 그림에서 '나'의 기분은 어떠한가요?   _____

자아존중감 그림 척도(Self-esteem Drawing Scale)

문항번호 및 내용	YES	NO
1. 눈썹의 유무에 차이가 있다.		
2. 눈썹의 모양[1]에 차이가 있다.		
3. 눈의 모양에 차이가 있다.		
4. 눈의 크기에 차이가 있다.		
5. 눈동자의 유무에 차이가 없다.		
6. 코의 유무에 차이가 있다.		
7. 코의 모양[2]에 차이가 없다.		
8. 코의 위치[3]에 차이가 있다.		
9. 입의 유무에 차이가 있다.		
10. 입의 모양[4]에 차이가 있다.		
11. 입의 크기[5]에 차이가 있다.		
12. 입의 위치[6]에 차이가 없다.		
13. 목의 유무에 차이가 있다.		
14. 목의 모양[7]에 차이가 있다.		
15. 목의 길이[8]에 차이가 없다.		
16. 턱 윤곽의 유무에 차이가 있다.		
17. 어깨의 모양에 차이가 있다.		
18. 어깨의 너비에 차이가 있다.		
19. 어깨와 팔이 연결되는 부위의 모양에 차이가 있다.		
20. 몸통의 길이[9]에 차이가 없다.		
21. 몸통의 너비[10]에 차이가 없다.		
22. 양팔의 유무에 차이가 있다.		

항목		
23. 팔의 길이[11]에 차이가 있다.		
24. 양다리의 유무에 차이가 있다.		
25. 다리의 모양에 차이가 없다.[12]		
26. 다리의 길이에 차이가 있다.		
27. 양손의 유무에 차이가 있다.		
28 손의 크기[13]에 차이가 있다.		
29. 양발의 유무에 차이가 있다.		
30. 발의 모양[14]에 차이가 있다.		
31. 발의 크기[15]에 차이가 없다.		
32. 몸과 의복의 경계표시[16]에 차이가 있다.		
33. 획(선)의 일정함에 차이가 있다.		
34. 인물의 시선[17]에 차이가 있다.		
35. 인물의 위치에 차이가 있다.		
36. 장식 여부에 차이가 있다.		
37. 그림에서의 나이[18]에 차이가 없다.		
38. 본인과 닮음 여부에 차이가 있다.[19]		
39. 얼굴 표정[20]에 차이가 없다.		
40. 그림에서의 생각[21]에 차이가 있다.		

공통 1) 길이, 너비, 크기와 관련된 항목은 눈금자를 활용한다.

공통 2) 눈금자를 활용하는 문항은 큰 값을 기준으로 오차 10% 이내는 차이가 없는 것으로 본다.

1) 눈썹이 생략된 경우, 눈썹의 모양은 차이가 있는 것으로 본다. 눈썹의 음영은 차이가 없는 것으로 본다.

2) 코가 생략된 경우, 코의 모양은 차이가 있는 것으로 본다.

3) 2)와 동일함.

4) 입이 생략된 경우, 입의 모양에 차이가 있는 것으로 본다. 웃는 입을 그린 경우에도 입의 형태가 다르면 차이가 있는 것으로 간주한다.

5) 입이 생략된 경우, 4)와 동일함.

6) 입이 생략된 경우, 4)와 동일함.

7) 목이 생략된 경우, 목의 모양에 차이가 있는 것으로 본다.

8) 7)과 동일함.

9) 어깨부터 상의의 하단까지 측정하는 것으로 상의의 기장을 재는 방식과 동일함. 단, 상·하의가 구별되지 않는 경우에는 어깨부터 허리까지 측정한다.

10) 가슴 부위의 너비를 측정한다. 단 가슴의 측정이 어려운 경우에는 허리 너비를 측정한다.

11) 팔을 뒤로 감춘 경우, 팔 모양이 같다면 드러난 부위의 길이를 측정하고 팔 모양이 같지 않다면 차이가 있는 것으로 간주한다.

12) 여성의 그림에서, 2 그림 중 하나만 긴 치마로 다리가 가려졌다면 차이가 있는 것으로 간주한다.

13) 손이 생략된 경우, 손의 크기는 차이가 있는 것으로 본다.

14) 발이 생략된 경우, 발의 모양은 차이가 있는 것으로 간주한다. 다리 모양이나 인물의 방향에 따라 발 모양이 달라지는 것은 차이가 없는 것으로 본다. 신발의 변화는 차이가 있는 것으로 간주한다.

15) 발이 생략된 경우, 14)와 동일함. 발의 크기 측정은 신발 사이즈 재는 방식과 동일하다.

16) 몸과 의복의 경계선이 분명히 표시되었는지, 그렇지 않은지를 비교한다.

17) 시선이 얼굴과 같은 방향인지, 그렇지 않은지를 비교한다.

18) ±5년 이내는 차이가 없는 것으로 본다.

19) 검사자의 판단에 의해 평가된다.

20) 얼굴 표정에 대한 내용은 크게 '① 긍정적, ② 모르겠음, ③ 부정적'으로 나눈다. 두 그림 간에 내용이 달라지면 차이가 있는 것으로 간주한다.

21) 20)과 동일하다.

❸ 자화상 그림검사의 사례

남이 보는 나   내가 생각하는 나

이ㅇ선, M/36

– 점수: 22점

– 남이 보는 나: 43세, 피곤, 가식된 웃음

– 내가 보는 나: 30세, 조울증, 분노 폭발의 상태

남이 보는 나의 모습에서 43세의 기분이 피곤하고 가식된 웃음을 짓고 있는 실제 모습과 매우 흡사하게 왜소한 체형으로 그렸으며, 내가 보는 나의 모습은 30세로 기분이 조울증, 분노가 폭발된 상태라고 하며 권총을 들고 있는 실제와 다른 근육질의 모습을 표현하였다(권총은 멋있어서 그렸으며, 내가 보는 나는 좀 더 실제보다 멋있어 보이고 싶다고 함). 그림에서 자신의 신체상에 대한 열등감, 남성성에 대한 동경, 현재 상황에 대한 불안과 불만족감을 가지고 있는 것으로 나타나며, 현재 스트레스와 우울, 공격성이 내재하고 있는 것으로 여겨진다. 또한 자신의 현실적인 자아상과 이상적인 자아상 간의 괴리감으로 인한 어려움도 경험하고 있는 것으로 보인다.

실제 이 남성은 외적으로 재미있고 즐거운 사람이지만, 내적으로는 작가라는 신분으로서 작업에 대한 큰 불안감과 높은 이상과 현실의 괴리감으로 스트레스와 불만감을 가지고 있다고 표현하였다.

남이 보는 나　　　　　　　내가 생각하는 나

박○민, M/38

– 점수: 18점

– 남이 보는 나: 38세, 기분이 '그럭저럭'하다.

– 내가 보는 나: 32세, 기분이 'UP'된다.

　남이 보는 나의 모습에선 38세의 기분이 '그럭저럭'인 실제 통통한 체격을 조금 더 부각시켰고 얼굴은 실제와 조금 다르게 그렸으며, 내가 보는 나의 모습은 32세로 기분이 'up'된 상태이고 자신을 실제와 다르게 보통 체격으로 준수하게 표현하였다.

　자신의 신체상과 타인의 시선으로부터 다소의 수동성, 열등감과 무기력감을 가지고 있는 것으로 보이고, 자신의 현실적인 자아상과 이상적인 자아상 간의 괴리감으로 인해 내적·외적으로 갈등과 어려움을 경험할 수도 있을 것으로 여겨진다.

남이 보는 나   내가 생각하는 나

이○선, F/28

- 점수: 16점
- 남이 보는 나: 17세, 웃는 게 지친다. 좋은 기분은 아니다.
- 내가 보는 나: 23세, 웃고 있어서 기분이 좋다.

남이 보는 나의 모습에선 17세의 웃는 것이 지친 나의 모습이라고 하며 자신을 작게 표현하였으며, 내가 보는 나의 모습은 23세이고 웃고 있어 기분이 좋은 모습이라고 하며 자신을 크게 그렸다.

과거 상처가 해결되지 않아 현재에도 머무르고 있는 것으로 생각되고, 위축과 불안, 수동적이며 방어적인 모습도 보이며, 이것은 특히 낯선 환경과 타인과의 관계에서 더 두드러지는 것으로 생각된다. 실제 어린 시절에 따돌림을 당했고, 마음을 나눌 수 있는 가까운 친구가 별로 없으며, 현재 직장에서도 동료의 따돌림과 시기심으로 힘들다고 하였다. 그러나 자신의 힘든 상황들을 견디고 극복하고자 노력하려는 의지도 함께 나타내고 있는 것을 알 수 있다.

남이 보는 나　　　　　　내가 생각하는 나

이○선, F/28

- 점수: 19점
- 남이 보는 나: 28세, 놀러가는 중이라 매우 신이 난 상태이고, 누군가를 잡으러 가는 중
- 내가 보는 나: 28세, 놀러가는 중이라 매우 신이 난 상태

그림에서 나타난 내가 보는 나는 남이 보는 나에 비하여 크게 표현이 되었고, 두 그림 다 눈을 강조하여 표현하였다. 남이 보는 나에서는 자신의 행동이 강조되었으며 강한 필압의 선이 단선으로 표현되었고 발 부분을 강조하여 표현하였다. 내가 보는 나에서는 강한 필압을 겹쳐서 사용하였으며 발 부분을 표현하지 않았다.

외부환경의 요구에 대해 열등감과 부당함을 느끼며 공격적인 태도의 성향과 불안감을 보이고 있다. 예민하고 강박적인 성향도 있으며 내가 생각하는 나는 안정감이 결여되어 있는 것으로 보인다. 또한 현실접촉의 불충분에 대한 보상적인 시도로서 조정하는 역할을 하려는 경향을 보이는 것으로 해석된다.

남이 보는 나   내가 생각하는 나

박○석, M/43

- 점수: 13점
- 남이 보는 나: 31세, 기분은 보통
- 내가 보는 나: 44세, 기분은 보통

남이 보는 나의 모습은 31세로 보통의 기분을 표현하였으며, 얼굴, 머리, 목, 팔과 손, 상체에서 연결된 다리, 발 순으로 표현하였다. 쉽게 그림을 시작하지 못하는 모습을 보이며 연필을 멀리 잡고 시작하였다. 두 그림 다 필압이 약하며, 내가 보는 나는 44세로 보통의 기분이며 얼굴과 머리부터 시작하여 목, 어깨, 팔, 손, 상의, 바지, 발 순으로 표현하였으며 얼굴의 형태가 불분명하고 흐리게 표현되었다. 의복의 모습이 생략되어 있으며 양팔을 벌리고 있는 모습을 취하고 있다. 내가 보는 나에서는 눈동자가 생략되어 있으며 머리는 헝클어진 듯 표현하였고 의복이 자세하게 표현되어 있다.

필압이 약한 것으로 보아 불안정한 성격을 볼 수 있으며 남이 보는 나에서는 퀵서비스 일을 하는 라이더의 복장으로 의복의 세부 모양이 생략된 것으로 보인다. 내가 보는 나에 비해 남이 보는 나는 표정이 조금 더 밝게 표현이 되었다. 내가 보는 나에서는 자존감이 낮은 것으로 보이며 공격 성향을 볼 수 있으며 대인관계에서의 어려움과 공허한 마음으로 해석될 수 있다.

남이 보는 나   내가 생각하는 나

이○민, F/28

- 점수: 17점
- 남이 보는 나: 28세, 미친 사람처럼 기분이 매우 좋은 상태이고 성공한 기분
- 내가 보는 나: 24세, 별생각 없이 좋은 기분이지만 진실한 기분은 우울한 상태

남이 보는 나의 모습에서는 종이에 비해 큰 그림으로 표현이 되었으며 머리카락과 입을 강조하여 표현하였다. 남이 보는 나의 모습에서는 공격적인 태도로 환경과의 관계를 맺는 것으로 볼 수 있으며, 불안한 모습을 보이고 있으며, 스트레스가 많은 것으로 해석될 수 있다. 내가 보는 나에서는 현실접촉의 어려움을 볼 수 있으며 자신이 느끼는 감정과 다른 감정을 보이고 있다. 또한 내가 보는 나는 남이 보는 나에 비하여 경직된 자세로 표현되었으며 차분한 모습을 보이고 있다. 손을 감추는 모습을 하고 있으며, 두 그림 다 불안정한 짧은 선들로 표현이 되었으며 머리카락을 강조하여 표현하였다.

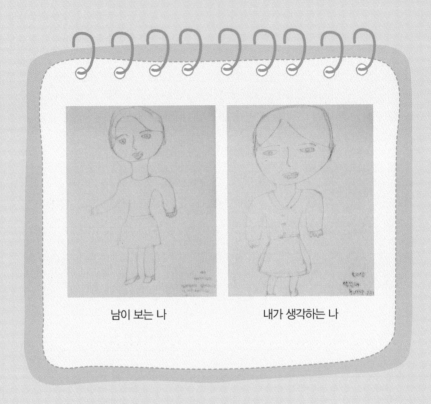

남이 보는 나   내가 생각하는 나

박○연, F/52

- 점수: 20점
- 남이 보는 나: 47세, 세련되고 젊어 보이는 기분
- 내가 보는 나: 50세, 쓸쓸함

　남이 보는 나는 47세의 젊어 보이고 몸매관리를 잘한 세련된 자신을 그렸으며, 그림을 그리면서 다른 사람들이 자신을 더 세련되고, 날씬하고, 젊어 보인다고 얘기를 많이 한다고 하였다. 남이 보는 나에 비해 내가 보는 나가 더 크게 표현이 되었고, 의복도 더 화려하지만, 남이 보는 나보다 자신이 생각하는 나는 더욱 초라하다는 내면이 나타나고 있다. 갱년기를 겪으면서 느끼는 애정결핍의 상태를 볼 수 있다. 현재의 불안한 마음을 볼 수 있으며 고집스럽고 우울한 마음을 느끼는 것으로 해석할 수 있다.

07

풍경구성법(LMT)

풍경구성법(LMT: Landscape Montage Technique)은 1969년 정신과 교수 나카이 히사오에 의해 창안되었다. 모래상자기법에서 고안된 풍경구성법은 피검자의 내면적 심리상태가 반영되는 것으로, 내용 중심적 해석 및 그림에 나타난 구조적인 해석 모두를 적용할 수 있는 진단적이면서도 치료적인 미술기법이라 할 수 있다. 조현병 환자를 주요 대상으로 실시한 모래상자기법의 적용가능성을 결정하는 예비검사로서 고안되었고, 이후 독자적인 가치가 인정되어 입원한 조현병 환자의 치료효과를 촉진하기 위한 진단보조기법으로 사용하게 되었다. 풍경구성법에서는 모래상자기법에서 사용하는 상징물들인 소품 대신, 종이에 순서대로 열 가지의 상징물들을 그리게 하여 풍경을 구성하는 것이다. 이것은 자발적으로 외부세계와 내면의 상상기능들이 만날 수 있게 하고, 이로 인해 모래상자의 단점을 줄이고 누구나 똑같은 도입방법으로 실시하는 것이 가능해졌다.

1 실시방법

1. 재료

흰 도화지(8절), 검정사인펜, 24색 크레파스

2. 방법

(1) 도화지의 4면에 사인펜으로 테두리를 그린 후 내담자에게 건네준다.

(2) 지시하는 항목 10가지를 차례대로 그리도록 한다(한 항목을 충분히 그릴 때까지 기다린 후 다음에 그릴 항목을 말해준다).

  – 강 → 산 → 논(밭) → 길 → 집 → 나무 → 사람 → 꽃 → 동물 → 돌

  – 원하는 항목이 있다면 더 그리도록 한다.

(3) 사인펜으로 모두 다 그렸다면, 색칠하도록 한다(색칠은 원하는 만큼 하도록 한다).

2 풍경구성법의 해석지침

1. 강

일반적으로 무의식의 흐름을 나타내며, 무의식에 지배되어 있는 경우 물이 세차게 물이 흐르는 큰 강, 범람하여 넘쳐흐르는 모습을 그리는 경우가 많다(강의 경사가 심함). 강박이 심한 사람 혹은 자아의 경계가 약한 사람의 경우는 강가를 돌로 정성껏 쌓거나 콘크리트 방파제를 쌓아 올리기도 하는데, 이는 무의식의 침입으로부터 스스로를 지키려는

의지를 나타내기도 한다. 분열증 발병기의 환자들의 경우 강을 크게
나타내거나 물의 양이 많은 강을 표현한다.

2. 산

산은 그리는 사람의 현 상황과 앞으로의 전망을 시사하며 이후 극복
해야 할 문제의 수와 관계가 깊다. 멀리 솟아 있는 산은 생의 목표, 오
르고 싶다는 희망, 그리는 사람의 소망 등과 관계있다. 앞길을 막고 있
거나 우뚝이 서 있는 산의 경우, 고난이나 장애 등이 가로놓여 있음을
의미한다. 산의 모양이 너무 뾰족한 것은 현재 직면한 갈등에 어려움
을 겪고 있는 상태를 말하며, 완만한 산의 모양은 힘이 들어도 잘 넘어
갈 수 있음을 의미한다.

3. 논(밭)

풍년이나 흉년 또는 논에 표현된 계절감은 피검자의 마음이 지향하는
때를 나타내며, 현재 놓여 있는 상황이나 상태를 설명해준다. 열려 있
는 과실은 현재의 수확 상태를 나타내고, 수확 후의 한가한 논의 모습
의 경우 마음이 지향하는 때 또는 미래를 암시하는 경우도 있다. 논(밭)
에서 일하는 사람의 모습은 면학 혹은 과제나 의무 등과 관련이 있다.
또한 세심하게 벼 이삭 등을 심어놓는 모습은 강박적인 성향이나 식
물에 대한 섬세한 심성 등을 의미한다.

4. 길

길은 의식적인 영역을 뜻하며, 인생의 방향을 암시한다. 힘든 곳으로

이어진 길은 애써서 힘든 길로 올라간다거나 미지의 세계로 향하고자 함을 의미한다. 특히 강을 횡단하고 있는 길의 표현은 현재와는 다른 세계로 가는 것을 의미하고, 그것은 때로 결혼을 의미하기도 한다.

5. 집

집은 성장해온 가정의 상황을 나타내주어, 가정생활의 질 및 가족관계를 스스로 어떻게 인지하며, 그것에 대해 어떤 정서 및 태도 등을 갖고 있는지를 나타내 보이는 경우가 많다. 따라서 집 그림은 현재의 가정을 피검자가 어떻게 바라보고 있는가 하는 것 이외에 미래의 이상적인 가정과 과거의 가정, 혹은 이것들의 혼합일 수 있다. 집의 수가 많은 것은 여러 사람들과 함께 어울리며 살고 싶음을 나타내고, 붕괴된 집은 가정불화와도 연결될 수 있다.

6. 나무

기본적인 자아상의 표현이며, 땅에서부터 하늘까지 성장하고 움직이려고 하는 인생의 열망을 반영한다. 나무는 무의식적이고 원시적인 자아개념이 투사되어 있다. 이를 통해서 피검자 성격 구조의 위계적인 갈등과 방어, 환경에의 적응정도, 정신적 성숙도를 엿볼 수 있다. 나무의 수와 크기는 성장 및 성취욕구와 연결된다.

7. 사람

사람은 '집'이나 '나무'보다도 더욱 직접적으로 자기상을 드러낸다. 그러나 사람을 그리는 것은 피검자에게 경쟁심을 지니게 하고 자기 방어를 하게 하는 면도 있기 때문에 의식적·무의식적으로 스스로의 상태를 왜곡시켜 나타내거나 자기 이외의 사람을 그리는 경우가 많다. 사람은 자기의 현실 및 이상을 나타내고 본인에게 의미 있는 사람, 인간일반을 어떤 방식으로 인지하고 있는가를 나타내기도 한다. 사람의 자세는 다양하게 해석이 되는데, 심리적이나 육체적으로 피곤한 경우 서 있지 않고 누워있거나 다른 물체에 기대어 있는 형태로 나타난다.

8. 꽃

꽃은 사랑, 아름다움 등을 상징하며 애정 욕구를 뜻한다. 일반적으로 여성스러움에 강조하고 싶은 경우 많이 그려지고, 색칠되지 않은 꽃은 감정의 부재를 의미한다.

9. 동물

동물 그 자체의 상징성이나 동물이 갖고 있는 특성 그리고 신화나 전설 등에 맞추어 해석한다. 그 예로, 토끼는 대인관계의 어려움, 새는 자유롭고 싶은 마음 등을 의미하기도 한다. 사람에 비해서 크게 그려진 경우는 보상심리 혹은 큰 에너지가 내재되어 있음을 시사한다. 산, 강, 길, 나무, 사람, 집은 모두 밑에 아주 작게 표현하고 동물은 크게 그린 피검자의 경우는 작아져 있는 현실에 대한 보상욕구로 생각할 수 있다. 이러한 사람은 내면에 큰 에너지를 보유하고 있는 것이며, 이를 어떻게 이끌어낼 것인가 하는 것이 상담목표 중 하나가 될 수 있을 것이다.

10. 돌

놓여 있는 위치에 따라서 돌이 나타내는 의미가 달라질 수 있다. 큰 돌이나 바위로 앞길을 막는 경우 마음속에 자리 잡고 있는 장애물, 엄격함, 냉정을 뜻한다. 논(밭)에 있는 돌은 현재의 삶에 걸림돌이 있다는 것을 나타낸다. 신경증 환자의 경우는 돌을 여러 장소에 흩어 두기도 하고, 강박성향이 있거나 자아경계가 약한 경우에는 방파제처럼 강가에 돌을 정렬하여 배치하기도 한다.

11. 그 밖에 추가한 그림

계절은 본인의 내면 성향을 나타내며, 날씨는 심리상태를 반영해 준다. 태양은 밝음과 따스함으로 애정 및 관심의 욕구를, 구름은 우울 및 불안을, 배는 안식처 및 탈피하고 싶은 욕구를, 거꾸로 흐르는 강의 경우는 혼란스러움을 상징하기도 한다. 강을 건널 때 흔하게 등장하는 다리의 경우 연결이라는 의미를 지니고 있어 무의식세계와 의식세계를 이어주는 요소가 되며, 여성에게 있어서는 결혼의 의미를 포함하기도 한다.

이○한, F/53

늦봄 어느 날 비가 오기 전 흐린 날씨의 어스름한 저녁때를 그렸다고 한다. 강은 깊으며 좌측에서 동쪽으로 잔잔하게 흐르고 있는 중이다. 산은 저 멀리까지 끊임없이 계속 이어지고 있으며, 길은 외부와 마을을 연결해주지만 강으로 막혀 있으므로 강을 건너려면 저 멀리 돌아서 가야 한다고 전하였다.

밭에서는 소가 밭을 갈고 있는 중인데 점점 날이 어두워져서 급하게 일을 하고 있는 모습이라고 전하였으며, 밭에서 일하는 사람은 본인과 남편이라고 하였다. 집은 본인의 집(좌측)과 이웃집이 있다. 나무는 다양한 종류로 표현하였으며 추가적으로 그린 것은 마을을 왕래하는 자동차 2대이다. 채색 시에는 소와 사람에 가장 많은 시간을 들였다.

흐린 날씨와 늦은 시간임에도 소와 사람이 바삐 일하는 모습에서, 현재 본인이 해결하고 책임져야 할 많은 일과 의무에 긴박함과 어려움을 느끼는 것으로 여겨진다. 끝없이 이어진 산과, 강으로 막혀 있는 길은 본인의 이상향에 닿기에는 수월하지 않을 것을 의미한다. 위로 올라가는 길과 그를 통해 왕래하는 자동차는, 자신이 놓인 상황에서 다른 곳으로 가고 싶은 욕구가 표현된 것으로 추측된다. 정렬되어 있는 나무들과 강가에 나란히 놓인 돌들은 자아경계를 세우기 위한 것으로 여겨지며, 이는 집 주변의 울타리로 표현된 경계선에도 동일한 의미로 적용된다.

김○정, F/26

배경은 가을이며 선선한 바람이 불어 나무들이 약하게 흔들리고 있고 산은 단풍으로 물들어 있다. 강의 깊이는 적당히 깊지도 얕지도 않고 사람은 들어가지 않는 강이며, 산줄기에서부터 내려오는 물이 강을 이뤄 흐르고 있다.

산 너머에는 도시가 있지만 현재 그림 속 마을은 한적한 곳이다. 이 마을에는 본인이 일하는 베이커리가 있고, 그림 속의 본인은 빵 재료를 사려고 자동차를 타고 산 너머에 있는 도시로 나가고 있다(현재 본인의 가장 큰 관심사는 제빵 취미를 살려 취직을 하고자 하는 것). 베이커리 앞에는 병원이 있는데 마을 주민들의 건강을 관리해주고 있다(본인의 친오빠가 의사임). 추가적으로 그리고 싶은 것을 넣으라고 했을 때, 나무 아래에 벤치를 그리고 베이커리 재료를 사러 도시로 나가는 자동차를 그렸다.

이 그림은 강을 사이에 두고 왼편과 오른편으로 나뉘어져 있다. 강이 화면을 갈라놓은 것에서도 의미를 찾을 필요성이 있다고 여겨진다. 본인의 설명을 통해, 오른편에 그려진 베이커리, 병원 등은 자신이 꿈꾸는 이상향들임을 알 수 있다. 왼편의 논(밭)에는 사람 한 명이 서 있고, 아직 수확 시기가 아닌 것으로 보이며, 자신의 현재가 반영된 것으로 여겨진다. 멀리 보이는 산중턱까지 굽이돌아 올라가는 길(혹은 도로)을 표현하였고, 자신 역시 차를 타고서 산을 오르는 것으로 설명하였다. 이를 통해 자신이 도달하고 싶은 이상향은 이루기가 쉽지는 않지만, 힘들더라도 조금씩 목적지를 향해 노력하고 있는 자기상이 보인다. 또한 이상의 공간과 현실의 공간 사이의 연결 고리가 전혀 존재하지 않는 상황에서, 좌절된 소망으로 인해 자신을 힘들게 하고 있지는 않은지 살필 필요가 있다. 이는 인물상에 비해 크게 그려진 코끼리로도 설명이 가능한데, 위축된 자기상에 대한 보상 심리로 파악될 수 있다.

한ㅇ희, F/26

어느 봄날 낮 12시에서 2시 사이로 표현되었다. 강은 왼쪽 하단에서 오른쪽 상단으로 잔잔하고 고요하게 흐르며, 깊이가 깊지만 범람은 하지 않는다. 산은 높지 않은 산이고 길이 산 너머까지 연결되어 있다. 산 너머에는 이 마을과는 다른 빽빽하고 시끄럽고 복잡한 도시가 있다고 한다. 강 건너에 있는 집에는 아빠와 남동생이 있고, 해가 지면 집에서 아빠가 자신을 부를 것이라고 한다.

집 앞에는 밭이 있는데 새싹들이 자라나고 있으며, 중간중간에 바위가 놓인 것으로 보인다. 동물로 기린과 개를 그렸으며, 기린은 목이 길고 높아서 넓은 시야로 멀리 볼 수 있어서 그렸다고 전하였으며, 개는 별 의미 없이 그렸지만 둘 다 본인 소유의 동물이라고 하였다. 마지막에 추가적으로 그리고 싶은 것을 그리라고 주문했을 때에는 다리를 그려주었다. 작품을 완성하고서, "나는 나무 아래에서 편안하게 쉬고 있어. 언제든 일어나서 다리를 건너 집으로 갈 수 있고, 길을 걸어서 저 산 너머에 있는 도시를 갈 수 있지만 지금은 가고 싶지 않아. 쉴래"라고 언급하였다.

그림에서 두드러지는 특징은 산등성이를 따라 고개를 넘어가는 길과 큰 나무 아래에서 휴식을 취하고 있는 인물 표현이다. 높지는 않지만 고개를 여러 번 넘어가야 하는 길은 본인이 목표로 하는 것들에 대한 걱정, 혹은 극복해야 할 크고 작은 일들에 대한 부담감이 나타난 것으로 볼 수 있다. 이와 비슷한 맥락에서 먼 곳을 볼 수 있는 기린은 앞으로 다가올 일들에 대한 긴장감을 지니고 있음을, 논(밭)에 놓인 커다란 돌들은 자신이 현재 직면한 여러 가지 장애물들을 의미한다. 새싹들이 자라고 있는 논(밭)과 커다란 나무에서 성장과 성취에 대한 욕구가 나타나며, 나무 아래서 쉬고 있는 인물을 통해 현재 지쳐있는 자신의 모습을 설명한다. 실제로 이는 작업이 끝난 뒤 본인이 인물에 대해 언급한 부분과 상당부분 일치한 것을 볼 수 있다. 마지막으로 그려준 다리는 화면의 중심부분에 커다랗게 표현되어 있으며, 욕구가 표현된 무의식의 세계와 현실을 인식하는 의식의 세계를 연결하는 역할을 하는 것으로 보인다.

신ㅇ영, F/27

초여름이며 선선한 날씨로 설명하였다. 강은 강둑에서 시작해 어딘가로 흐르고 있으며 깊지 않고 잔잔하다. 산은 길가에 낮은 것, 중간, 높은 것이 함께 있으며, 밭은 이제 막 파래지면서 많이 잘 자라나고 있다고 한다. 길이 마을로 모두 연결되어 있으며, 본인이 사는 집은 없고, 그냥 마을이라고 언급하였다. 나무는 푸르며 매우 큰 나무들이라고 한다. 인물은 남자인지 여자인지도 모르며, 본인은 이 그림 속에 없다.

돼지는 어디서 왔는지 모르겠지만 인물 옆에 있다. 직장에서 일이 너무 많고, 많은 사람들과 다른 사람들의 일까지 신경 쓰느라 너무 힘들어서 가만히 아무것도 안 하고 쉬고 싶다고 했다. 돌은 강이 넘치지 않기 위해 놓여 있으며, 다리는 벽돌로 멋있게 만들어져 있다고 한다. 짐을 실은 배에는 사람이 없고 더 큰 도시로 가는 중이다. 비행기는 외국으로 가고 있으며, 하늘에서 둥둥 떠다니는 애드벌룬에는 사람이 타고 있다. 자동차는 도시로 가고 있는 중이며, 새는 어디론가 날아가고 있다.

크고 작은 산들이 길옆에 놓여 있으며 이는 자신이 이루고자 하는 이상과 목표로 설명된다. 이제 막 싹이 돋는 밭은 성장하고 있는 자신의 모습을 나타내고 있으며, 마을 안에 보이는 여러 세대의 집들은 평소 주변인들에게 많은 에너지를 쏟고 있는 본인의 상황을 의미한다. 줄을 세운 꽃과 나무들, 강가의 빼곡한 돌들은 다소 강박적인 성향을 보여주고 있으며 정성껏 그린 커다란 다리는 무의식과 의식의 연결을 통해 내적 발전에 대한 욕구를 나타내기도 한다.

이 그림의 특징은 다양한 이동수단이 나타난 것으로, 배, 비행기, 애드벌룬, 새는 모두 현재에서 탈피하고 싶은 욕구 혹은 안식처를 향한 소망을 의미한다. 이에 대한 해석은 실제 이 작품을 완성한 뒤 '가장 하고 싶은 것은 해외여행을 가는 것'이라고 언급한 것과 상당부분 일치하는 경향을 보인다.

최○아, F/26

그림 속의 계절은 봄이며, 정오의 풍경이다. 독일의 녹음이 가득한 강을 생각하며 그렸다고 하였으며 수심이 얕지 않고 그렇게 넓지 않다고 한다. 또한 산은 바위산으로 표현하여 올라가기 힘들지만 정복하고 싶은 산이라고 하였으며, 산 아래의 작은 풀밭에는 벼가 자랄 수도 있다. 밭 아래쪽에는 시골 농부가 살고 있는 아담한 나무집이 있고, 나무는 어렸을 때 그려본 사과나무밖에 그리지 못한다고 하며 화면 좌측에 그려주었다. 나무에는 12살 소녀가 기분 좋게 사과를 수확하고 있으며, 꽃을 구경하고 있는 다람쥐도 표현하였다.

아주 높이 솟은 산과 꼭대기의 바윗돌들은 본인의 목표와 이상향에 대한 설명으로, 지향점에 도달하기가 힘들고 어려울 수 있다는 것을 의미한다. 그러나 산으로 이어지는 갈림길에는 이정표를 달아두어 '길을 잃지 않고' 도달할 수 있다는 것을 강조하였으며, 좌측하단의 나무에 달린 여러 개의 사과와 그를 채취하는 소녀의 모습에서 성취욕이 높은 성향임을 볼 수 있다.

이 그림은 분할된 구도가 특징적이다. 치료사가 왼쪽에 그린 나무와 끊겨 있는 강에 대해 물었을 때 좌측 공간은 오른쪽에 그려 넣은 공간과 다른 곳이라고 대답하였으며 분할된 두 개의 다른 공간은 무의식적인 공간과 의식의 공간으로, 좌측은 자신이 성취한 일들과 과거의 경험이, 오른쪽에는 앞으로의 지향점과 미래상이 표현된 것임을 추측해 볼 수 있다. 본인은 실제 대학생활을 마치고 즐거운 직장생활을 하고 있지만 곧 결혼을 하러 외국으로 떠날 예정이라고 한다. 언어 적응을 비롯하여, 새로운 곳에서 사는 것에 대한 호기심과 두려움을 함께 느끼고 있다고 언급하였다.

최○경, F/14

그림의 배경은 여름, 낮 2시 30분경이며, 그림을 그릴 때의 태도가 매우 소극적이었다. 강은 우에서 좌측으로 흐르며 깊이는 얕아 징검다리로 건널 수 있으나 중간에서부터 물살이 강해지고 큰 돌이 있는 곳은 깊어서 조심해야 한다. 산은 민둥산이며 등산을 할 수 있고 모든 산은 이어져 있다고 한다. 산에는 계단식 밭이 있고, 하나도 심은 것이 없어 잡초 같은 것만 아이들이 장난으로 뽑는다고 하였다. 길은 여러 번 돌아가야 하고 매우 길어 보이지만 걷기에는 편한 등산로라고 하였다. 산꼭대기에는 옛날과 현대를 섞어 놓은 작고 예쁜 집이 있으며, 지금은 주인이 없어 사람들이 쉬고 갈 수 있는 15년쯤 되는 집이라고 언급하였다.

나무는 잎이 없고 집과 높이가 같은, 역시 15년 정도 된 나무라고 한다. 그림에는 여자아이 둘이 등장하는데 5살, 6살의 명랑하고 순수한 아이들로, 한 아이는 고양이를 뒤쫓고 있고 다른 아이는 숨바꼭질을 하고 있다. 산 위에 있는 아이는 13살로, 아끼던 동물을 묻은 곳에 방문하여 그 위에 꽃을 심었으며, 친구가 별로 없고 책을 좋아한다고 한다.

화면 좌측에 작게 고양이를 두 마리 그렸는데 고양이는 예쁘고 장난기가 많으며 귀여우나 방어태세에 들어가면 사나워지거나 숨고 사람을 별로 좋아하지 않는다고 언급하였다. 마지막으로 깃발을 우측 산꼭대기에 그리며 정복을 뜻한다고 하였으며, 그림이 허전해 보이긴 하지만 만족한다고 하였다.

높은 민둥산과 여러 번 돌아가야 하는 등산로, 아무도 없이 비어 있는 집과 잡초만 나는 밭에서, 그림을 그린 학생이 느끼고 있는 마음의 공허함을 느낄 수 있다. 주인이 없는 집과 잎이 없는 나무, 땅에 아끼는 동물을 묻은 아이의 표현은 다른 사람들이 잠시 왔다가 쉬어갈 수는 있지만, 근본적으로 고독과 외로움에서 쉬이 벗어날 수 없는 본인의 모습이 투영되어 있는 것으로 여겨진다. 특징적인 것은 가장 오른 편의 산이 다른 산에 비해 강조되어 있고, 깃발을 꽂아 둔 것인데, 이는 다소 무기력한 현재에 대한 보상으로 성취에 대한 욕구가 의식적으로 표현된 것을 볼 수 있다.

이○현, F/26

그림은 초봄, 꽃이 피기 시작하는 무렵이다. 강이 굽이지는 한 부분과 그 옆으로 조성된 마을을 그렸으며, 사람들이 물고기를 잡을 만큼 매우 깊은 강을 표현하였다. 그림을 그리면서 파란 하늘과 깊고 푸른 강을 표현하고 싶은 욕구가 매우 강했다. 산은 진달래꽃 등 다양한 봄꽃으로 화려하게 뒤덮여 있고, 꽃을 그리는 시간을 가장 많이 할애했으며 더 많이 그리고 싶다고 언급하였다. 길은 여러 갈래로 연결되어 있고 산을 넘어서까지 쭉 연결되어 있으며, 산 너머에는 또 다른 마을들이 조성되어 있다고 한다.

그림 속에는 본인의 집이 없지만 살기 좋은 마을이라고 하였다. 밭에는 씨를 뿌리는 사람과 땅을 갈고 있는 황소가 있고, 강 위에는 고깃배 이외에도 사람들이 타고 있는 배 한 척을 더 그렸는데 이 배 위에는 가족들이 함께 즐겁게 춤추면서 놀고 있으며, 강변에는 사람들을 바라보고 있는 본인을 표현하였다. "내 옆에는 개 한 마리가 놀아주고 있어"라며 개를 옆에 그렸으나, 현재 강아지를 키우고 있지 않고, 키운 경험도 없다고 한다. 그 외에도 물가를 노니는 오리가족, 배 위에 있는 강아지, 나무 위에 있는 다람쥐가 있으며, 이들은 모두 마을에 잘 융화되어 지내고 있다고 언급하였다.

이 그림에서 특징적인 부분은 강을 가운데에 두고 주위를 둘러싼 마을 풍경이다. 깊은 강은 사람들의 생활터전과 여가 공간이 되고 있으며, 모두가 즐거워하는 모습이다. 저 멀리에는 비교적 낮은 높이의 산들이 자리 잡고 있고 길이 산 위쪽으로 연결되어 있는 것으로 보아, 본인에게 주어진 일들을 나름대로 수월하게 처리하며 지내고 있는 것으로 여겨진다. 마을에 묘사된 많은 동물들과 집들, 사람들의 모습을 통해, 그림을 그린 여성이 평소 자신의 주변 인물들에 관심이 많고 그들과의 관계에 민감하며, 관계유지에 많은 에너지를 쏟고 있음을 추측해 볼 수 있다. 또한 자신의 옆에 본인을 기쁘게 해주는 동물을 표현한 것은 본인 자신을 돌볼 시간과 여유가 필요함이 나타난 것으로 볼 수 있다.

08

도형, 색 그리기(FCC)

도형, 색 그리기(FCC: Figure Color Copying)는 뇌손상 재활환자의 시-공간인 지능력을 객관적으로 평가하기 위하여 김선현(2009)이 개발한 검사도구로서, 뇌졸중, 외상성 뇌손상, 파킨슨 병, 발달장애아동 등 다양한 재활환자를 대상으로 한 평가에 사용된다.

이 검사의 목적은 색채, 위치, 거리, 형태 등의 시-공간 지각을 평가하고 형태항상성(form consistency), 구조적 실행증(constructual apraxia)의 문제 등을 판별하는 것이다.

❶ 실시방법

1. 재료

흰색 도화지(8절), 크레파스나 색연필

2. 방법

(1) 평가자가 제시한 그림에 각각 무엇이 위치해 있는지 말해본다.

(2) 평가자가 제시한 그림 속 도형이 각각 무슨 색인지 말해본다.

(3) 평가자가 제시안 그림을 보고 도화지에 똑같이 따라서 그려본다.

※ 제시되는 그림: 원(빨간색), 정삼각형(노란색), 정사각형(파란색)이 그려진
  8절 도화지가 필요하다. 이때 도화지 중간 부분에 각 도형(원, 삼각형,
  사각형)들이 위치하도록 하며, 제시되는 크기는 다음과 같이 하도록
  권장한다.
  – 빨간색 원: 지름 8cm
  – 노란색 정삼각형: 한 변의 길이 8cm
  – 파란색 정사각형: 한 변의 길이 8cm

❷ 도형, 색 그리기 검사의 해석지침

- 검사 내용을 이해하고 있는가?(3점)

- 색상을 인식하고 있는가?(3점: 한 개의 색상당 1점)

- 형태를 인식하고 있는가?(3점: 한 개의 형태당 1점)

- 색상을 똑같이 따라 그릴 수 있는가?(3점: 한 개의 색상당 1점)

- 형태를 똑같이 따라 그릴 수 있는가?(3점: 한 개의 형태당 1점)

- 제시된 그림과의 크기가 일치하는가?(3점)

- 제시된 그림과 각 도형의 위치는 일치하는가?(3점)

- 제시된 그림과 각 도형 간의 거리는 일치하는가?(3점)

※ 측정방법: 각 문항당 단계별로 1, 2, 3점을 부여하고, 총 24점으로 환산
하여 계산한다.

❸ 항목별 사례

색상 인식과 재현(이ㅇ연, M/10 지적장애 2급)

항목	점수
1. 검사 내용을 이해하고 있는가?	2
2. 색상을 인식하고 있는가?	0
3. 형태를 인식하고 있는가?	0
4. 색상을 똑같이 따라 그릴 수 있는가?	0
5. 형태를 똑같이 따라 그릴 수 있는가?	1
6. 제시된 그림과의 크기가 일치하는가?	0
7. 제시된 그림과 각 도형의 위치는 일치하는가?	0
8. 제시된 그림과 각 도형 간의 거리는 일치하는가?	1
총점	4

검사의 방법은 이해하였으나 내용 이해는 확실하지 않은 것으로 보인다. 색연필 선택 시 색을 보지 않고 선택하였으며, 원의 형태만 그리고 다른 도형은 그리지 못하였다.

채색 시 사선으로 빠르고 강하게 색칠하며, 이 역시 눈으로 보지 않은 채 면을 채우려고 하는 모습을 보였다. 자발적인 언어표현이 되지 않아 검사자의 말을 따라하는 모습을 보이기도 했다. 색의 인식과 재현의 정확한 측정이 불가하나, 검사에 대한 전반적인 이해 미흡이 재현에도 문제를 야기한 것으로 보인다.

형태 인식과 재현(최○연, F/82 알츠하이머형 치매)

항목	점수
1. 검사 내용을 이해하고 있는가?	3
2. 색상을 인식하고 있는가?	3
3. 형태를 인식하고 있는가?	3
4. 색상을 똑같이 따라 그릴 수 있는가?	3
5. 형태를 똑같이 따라 그릴 수 있는가?	1
6. 제시된 그림과의 크기가 일치하는가?	1
7. 제시된 그림과 각 도형의 위치는 일치하는가?	0
8. 제시된 그림과 각 도형 간의 거리는 일치하는가?	2
총점	16

그림을 그릴 때 손의 힘이 약하여 원과 삼각형을 그리는 데 있어 채색을 끝마치지 못하였다. 또한 노란색이 '잘 안 보인다'고 언급하는 것으로 보아 노란색에 대한 지각 능력이 매우 떨어져 있음을 알 수 있다. 가운데의 도형을 가장 나중에 그리다가 도중에 포기하는 모습을 보였다. 색상 인지가 어려워도 어느 정도 구분은 할 수 있을 정도이나, 도형의 모양을 파악하고 이를 재현하는 것은 쉽지 않아 보인다.

거리나 위치의 인식과 재현(박○진, F/12 경직형 뇌성마비)

항목	점수
1. 검사 내용을 이해하고 있는가?	3
2. 색상을 인식하고 있는가?	3
3. 형태를 인식하고 있는가?	3
4. 색상을 똑같이 따라 그릴 수 있는가?	3
5. 형태를 똑같이 따라 그릴 수 있는가?	3
6. 제시된 그림과의 크기가 일치하는가?	2
7. 제시된 그림과 각 도형의 위치는 일치하는가?	2
8. 제시된 그림과 각 도형 간의 거리는 일치하는가?	2
총점	21

　제시된 도형의 색상과 모양을 어려움 없이 맞추었다. 도형과 비슷하게 보이기 위해 도형 안에 색상을 가득 채우려고 노력하였으며, 작업 과정에도 별다른 어려움을 보이지 않았다. 색상과 도형의 인지와 재현이 가능하며, 비교적 양호하게 수행한 것으로 보인다. 경직형 뇌성마비 중에도 상지 기능이 비교적 양호한 양하지마비인 것으로 사료되며, 사각형의 위치나 크기, 거리 점수가 차감되었다.

④ 도형, 색 그리기 검사(FCC)의 사례

이○진, F/85 노인성 치매

항목	점수
1. 검사 내용을 이해하고 있는가?	3
2. 색상을 인식하고 있는가?	3
3. 형태를 인식하고 있는가?	3
4. 색상을 똑같이 따라 그릴 수 있는가?	1
5. 형태를 똑같이 따라 그릴 수 있는가?	3
6. 제시된 그림과의 크기가 일치하는가?	3
7. 제시된 그림과 각 도형의 위치는 일치하는가?	2
8. 제시된 그림과 각 도형 간의 거리는 일치하는가?	2
총점	**20**

색상과 형태는 잘 인식하였으나, 색상을 고르는 단계에서 유사색상과 혼동하는 반응을 보였다(예: 짙은 핑크 색상과 빨간색을 혼동 / 블루그린색과 파란색을 혼동).

본인이 선택한 색상이 그림과 맞는지 거듭 확인 후 진행을 하였으므로, 올바른 색으로 표현되었음에도 색상 점수를 차감하였다. 척도검사지의 그림을 수시로 확인을 하며 조심스럽게 형태를 그렸으며, 느린 속도로 선을 여러 번 겹쳐서 그렸다. 피곤하다고 언급하며 채색은 진행하지 않았다. 또한 전반적으로 오른쪽에 치우쳐 그려진 것으로 위치점수가 차감되었는데, 이는 우세손인 오른손으로 움직일 수 있는 범주가 그리 크지 않아 그림이 전반적으로 오른쪽에 표현되었다. 전체적인 도형의 각이 둥글게 표현되었고 채색이 진행되지 않은 점으로 미루어 소근육의 힘이 매우 떨어진 상태로 여겨진다.

박○자, M/91 알츠하이머형 치매

항목	점수
1. 검사 내용을 이해하고 있는가?	3
2. 색상을 인식하고 있는가?	3
3. 형태를 인식하고 있는가?	3
4. 색상을 똑같이 따라 그릴 수 있는가?	3
5. 형태를 똑같이 따라 그릴 수 있는가?	2
6. 제시된 그림과의 크기가 일치하는가?	2
7. 제시된 그림과 각 도형의 위치는 일치하는가?	2
8. 제시된 그림과 각 도형 간의 거리는 일치하는가?	2
총점	**20**

　　검사 중간 본인의 그림이 마음에 들지 않는다고 언급하였다. 노란색으로 삼각형을 그릴 때 잘 보이지 않아 가장 나중에 시도하다가 중간단계에서 종료하였다. 자신의 도형이 원하는 대로 표현되지 않는 것으로, 그림에 대한 색과 도형의 인지가 가능한 것으로 여겨지나, 실제적으로 재현하는 데에 어려움을 느끼고 있는 것으로 보인다. 필압과 작업 중간에 종료된 사항을 고려해봤을 때 소근육의 힘이 저하된 상태로도 여겨진다.

09

구름, 집, 나무 그리기(CHTC)

구름, 집, 나무 그리기(CHTC: Cloud House Tree Copying)는 객관적으로 뇌손상 재활환자의 시-공간인지능력을 평가할 수 있도록 김선현(2009)이 개발한 검사도구로서, 외상성 뇌손상, 뇌졸중, 파킨슨병, 발달장애아동 등 다양한 재활환자를 대상으로 평가하는 데 사용된다(임상미술치료학연구, 2009, 4(1), pp.5-8).

실행증(apraxia) 및 실인증(agnosia) 등의 지각문제를 판별하고, 공간관계(Spatial-relations)와 환측무시(unilateral inattention)와 같은 시공간 지각을 평가하는 것이 이 검사의 목적이다.

1 실시방법

1. 재료

흰색 도화지(8절), 크레파스나 색연필

2. 방법

⑴ 평가자가 제시한 그림에 각각 어떤 이미지가 위치해 있는지 말해본다.

⑵ 평가자가 제시한 그림을 보고 도화지에 똑같이 따라서 그려본다.

⑶ 파란색 구름, 빨간색 지붕 및 노란색 벽의 집, 고동색 줄기 및 초록색 수관의 나무가 그려진 8절 도화지, 하단에 제시된 그림을 참고하여 각각의 크기와 위치를 최대한 정확히 제시하도록 한다.

❷ 구름, 집, 나무 그리기 해석지침

- 검사의 내용을 이해하고 있는가?(3점)

- 색상의 인식이 가능한가?(3점: 이미지 한 개당 1점)

- 형태의 인식이 가능한가?(3점: 이미지 한 개당 1점)

- 색상의 모방이 가능한가?(3점: 이미지 한 개당 1점)

- 형태의 모방이 가능한가?(3점: 이미지 한 개당 1점)

- 제시된 그림과 크기가 일치하는가?(3점)

- 제시된 그림과 각 도형의 위치가 일치하는가?(3점)

- 제시된 그림과 각 도형 간의 거리는 일치하는가?(2점)

※ 측정방법: 총 24점으로, 문항당 단계별로 1, 2, 3점씩 부여할 수 있다.

❸ 항목별 사례

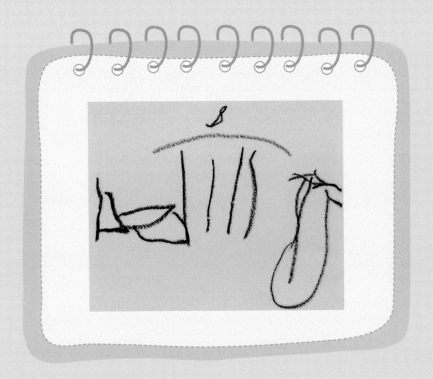

색상 인식과 재현(이○연, M/6 발달장애)

항목	점수
1. 검사 내용을 이해하고 있는가?	2
2. 색상의 인식이 가능한가?	0
3. 형태의 인식이 가능한가?	0
4. 색상의 모방이 가능한가?	0
5. 형태의 모방이 가능한가?	0
6. 제시된 그림과 크기가 일치하는가?	0
7. 제시된 그림과 각 도형의 위치가 일치하는가?	0
8. 제시된 그림과 각 도형 간의 거리는 일치하는가?	0
총점	2

　　다문화 가정의 아동으로 언어 발달의 어려움과 이로 인한 또래관계의 형성, 사회심리 발달이 미흡한 상태이다. 아동 어머니의 증언에 의하면 아동은 아직 색 인지가 불가하다고 했다. 치료사가 "이것과 최대한 비슷하게 그려줄 수 있겠어?"라고 묻자 고개를 끄덕이며 그리기 시작하였는데, 검은색을 골라 상기와 같이 그리곤 "다했어!"라고 말했다. 어떤 형태인지는 알고 대답하는 듯했으나 색에 대한 대답은 전혀 하지 못했다. 검사 방법을 이해하는 것 같으나, 색 인지와 도형 인지 및 재현이 전혀 이루어지지 않고 있어 많은 부분에서 점수가 차감되었다.

형태 인식과 재현(장○진, F/5 뇌전증)

항목	점수
1. 검사 내용을 이해하고 있는가?	3
2. 색상의 인식이 가능한가?	3
3. 형태의 인식이 가능한가?	1
4. 색상의 모방이 가능한가?	3
5. 형태의 모방이 가능한가?	1
6. 제시된 그림과 크기가 일치하는가?	0
7. 제시된 그림과 각 도형의 위치가 일치하는가?	0
8. 제시된 그림과 각 도형 간의 거리는 일치하는가?	0
총점	**11**

수술 전에는 오른손 우세였으나 수술 후 오른손 편마비로 인하여 왼손 사용이 가능한 환아로, 제시된 그림 중에 나무의 윗부분을 어떻게 그려야 할지 모르겠다고 하며 초록색으로 둥글둥글 표현하였다. 색 인지는 가능하였으나 형태 인식이 부족하였으며 제시 그림을 보고 어려워하는 모습을 보였다.

거리나 위치의 인식과 재현(장○연, M/7 뇌종양)

항목	점수
1. 검사 내용을 이해하고 있는가?	3
2. 색상의 인식이 가능한가?	3
3. 형태의 인식이 가능한가?	3
4. 색상의 모방이 가능한가?	3
5. 형태의 모방이 가능한가?	2
6. 제시된 그림과 크기가 일치하는가?	0
7. 제시된 그림과 각 도형의 위치가 일치하는가?	0
8. 제시된 그림과 각 도형 간의 거리는 일치하는가?	1
총점	15

뇌종양으로 인한 오른쪽 편마비이며 제시된 그림을 보고 집중하여 작업하였다. 색과 형태의 인지는 가능하였으나 나무의 형태를 어려워하였으며, 구름과 집의 형태는 어려움 없이 표현하였다. 나무의 초록색 수관부분이 기둥 밑에서부터 표현되었으며 완성한 뒤 제시된 그림과 자신의 그림이 똑같다고 말하였다. 위치나 거리의 공간감에 대한 인지가 미흡하다고 여겨진다.

4 구름, 집, 나무 그리기 검사(CHTC)의 사례

박○진, M/13 정신지체 3급

항목	점수
1. 검사 내용을 이해하고 있는가?	2
2. 색상의 인식이 가능한가?	2
3. 형태의 인식이 가능한가?	1
4. 색상의 모방이 가능한가?	2
5. 형태의 모방이 가능한가?	1
6. 제시된 그림과 크기가 일치하는가?	0
7. 제시된 그림과 각 도형의 위치가 일치하는가?	0
8. 제시된 그림과 각 도형 간의 거리는 일치하는가?	0
총점	8

그림을 그리는 동안 집중하지 못하며 자리에서 일어나기를 반복하였다. 검사에 대한 이해 부족으로 주제에 부합되지 않는 그림을 그리려 하였으며, 치료 시작부터 마무리까지 멍한 표정으로 일관하였다. 질문에 대한 대답이 돌아오는 데 3초 정도의 시간이 걸렸으며, 상지의 기능적인 문제를 가지고 있지 않더라도 검사에 대한 전반적인 이해부족과 인지부족으로 많은 부분에서 점수가 차감되었다.

이○현, M/4 발달지연

항목	점수
1. 검사 내용을 이해하고 있는가?	3
2. 색상의 인식이 가능한가?	3
3. 형태의 인식이 가능한가?	3
4. 색상의 모방이 가능한가?	3
5. 형태의 모방이 가능한가?	2
6. 제시된 그림과 크기가 일치하는가?	1
7. 제시된 그림과 각 도형의 위치가 일치하는가?	1
8. 제시된 그림과 각 도형 간의 거리는 일치하는가?	1
총점	**17**

　여러 가지 치료를 장기적으로 받아 인지 상태가 양손 사용이 가능하며, 양호한 상태이다. 눈-손의 협응이 잘 안 되지만, 보고 그리는 것에 집중을 잘하며 작업을 진행하였다. 언어를 사용함에 있어 문제가 없고 형태와 색 인지가 가능하였다. 나무를 그릴 때 기둥을 처음에 선으로만 그렸다가 초록색 잎 부분을 표현한 뒤 나무는 두껍게 생겼다고 하며 제대로 된 형태를 표현하였다. 나무는 땅에 있는 것이라며 기저선을 표현하였다. 정확한 형태로 표현되지 않았으나 최대한 비슷하게 그리려는 노력이 보인다. 이미지상이 전반적으로 명확하게 드러나지 않고 치우쳐 표현된 부분도 보인다.

chapter 3

그림 검사 평가 보고서

01

그림 검사 평가 보고서

❶ 보고서의 형태

그림 검사 평가 보고서를 작성하는 것은 충분한 경험과 훈련이 필요하다. 보고서 작성 전에 그림 검사, 행동관찰, 가족력, 개인력, 의료적 기록 등 많은 정보가 수집되어야 하며, 그 자료들의 통합적 분석이 요구된다. 보고서에는 검사 결과와 해석, 제언을 제시하여 즉시 치료적 개입이 가능해야 한다. 검사 당시의 상황과 언어적·행동적 왜곡을 줄이기 위해선 검사 직후 보고서를 작성하는 것이 좋다.

❷ 보고서 작성 시 유의사항

(1) 치료사의 직접적인 관찰이 포함되고 평가에 대한 집중도가 유지될 때

가급적 평가가 끝난 후 바로 보고서를 작성하는 것이 좋다. 보고서를 논문이나 연구, 슈퍼비전 자료 등의 목적이나 회기 내 유용한 정보로서 사용할 경우 주의가 필요하다.

(2) 보고서는 가능한 한 육하원칙에 근거하여 간결, 명료하고, 읽을 수 있도록 기록되어야 한다.

(3) 보고서에는 검사의 소개와 요약, 실습기관과의 행정적인 협조 등에 관한 활동들이 사실적으로 기록되어야 한다.

(4) 보고서에는 평가 경험과 관찰, 자신의 분석 등을 고려하여 보다 나은 치료를 위한 계획과 준비가 기록되어야 한다.

(5) 치료 동의서 및 작품 사용 동의서를 받았다 하더라도 비밀유지의 원칙과 사적 정보를 침해하지 않는 범위 내에서 기술한다.

(6) 보고서는 평가 기록으로 환자의 변화나 치료사의 적절한 개입 등을 평가할 수 있도록 기록하며, 어느 정도 공식적인 형태로 기술되어야 한다.

(7) 환자의 행동이나 작품 등에 관한 분석이나 해석을 시도할 때는 주의를 기울인다.

❸ 그림 평가 보고서 작성

항목세부	세부 항목
환자 기본 정보	▶ 이름 및 성별, 가족관계나 생육사, 생활환경 ▶ 진단명이나 증상 및 특징, 주호소 ▶ 연계되어 있는 치료나 이전 치료형태나 기간
평가 환경	▶ 날짜, 장소, 시간 ▶ 형태: 그룹 / 개인 ▶ 물리적 환경 및 정서적 환경
기록	▶ 평가의 의도 ▶ 평가에 대한 환자의 반응 ▶ 평가자에 대한 환자의 반응 ▶ 평가 시 환자의 언어적, 비언어적 행동 및 기분 ▶ 그림 평가 사진
고찰	▶ 환자의 정동 및 행동의 의미와 동기 혹은 의도 ▶ 그림 검사에 나타난 형식, 내용의 의미 및 동기 혹은 의도
치료 목표와 방향	▶ 구체적인 치료 목표나 작업의 방향 ▶ 치료 계획이 특별히 작성되지는 않으나 치료적 개입에 대한 권고 사항으로 작성 ▶ 치료가 필요한지에 대한 검증 평가일 경우 치료개입을 결정하기 위한 목적과 변화과정의 평가로 사용되기도 함

02

평가 보고서 작성하기

1 평가 보고서의 양식

<〈임상미술치료 평가 보고서〉>

1. 환자정보

환자명		병록번호		진단명	
생년월일		성별/연령		학력	
검사날짜		가족관계			

2. Examination findings(검사 결과) / 24

	/24	
1) Figure Color Copying	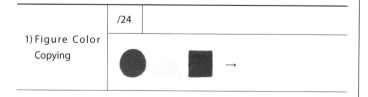	

	/24	
2) Cloud House Tree Copying		→
3) 자화상 그림 검사	/40	
4) K-HTP		
5) 기타 검사		

3. Observation(관찰결과)

- Cognition & Attention(인지 및 주의):
- Visual Perception(시-지각):
- Motor function(운동 기능):

4. Goal & Plan(목표 및 계획)

1) 지각 및 인지, 운동 기능(Cognition & Perception & Motorfunction)
2) 정서 및 사회적 행동(Emotion & social behavior)

- Plan

❷ 작성 예시

〈임상미술치료 평가 보고서〉

1. 환자정보

환자명	김 * 준	병록번호	12345	진단명	Toxic effect of carbon monoxide
생년월일	750518	성별/연령	M/39	학력	대졸
검사날짜	2013.04.01		가족관계		본인, 처

2. Examination findings

1) Figure Color Copying	21 /24	내용, 색상, 형태 인지는 가능하나 크기, 위치, 거리에 대한 인지훈련이 필요함
2) Cloud House Tree Copying	21 /24	내용, 색상, 형태 인지는 가능하나 크기, 위치, 거리에 대한 인지훈련이 필요함
3) 자화상 그림 검사	28 /24	현실 부정 및 낮은 자존감, 억압기제 우울감이 높음. borderline이나 schizophrenia 가능성 있음

4) K-HTP	전체적으로 균형을 잃고 부적응적이며 자신의 존재를 불확실하다고 느끼고 있음. 환자는 부인 또는 여성에게 정서적으로 중요한 영향을 받고 있음
5) 기타 검사	none

3. Observation(관찰결과)

- Cognition & Attention: 의사소통 원활. 제시하는 내용에 대한 이해도 양호. 의사전달이 명확함.
- Visual Perception: 색 인지와 형태 인지 명확. 공간관계능력(대상들 간의 관계파악능력) 다소 결여. 입체인지와 입체지각이 가능함.
- Motor function: 과제 수행 시 왼손 사용에 큰 어려움은 없으나 악력이 약하고 종이를 지탱하거나 점토를 떼어내는 작업 시엔 신체 흔들림이 많음.

4. Goal & Plan(목표 및 계획)

1) 지각 및 인지, 운동 기능(Cognition & Perception & Motor function)
  : insight, 공간지각, 공간인지력 향상, 소근육 운동능력 향상
2) 정서 및 사회적 행동(Emotion & social behavior)
  : depression 감소, self-esteem 향상

- Plan
* 주 2회에 걸쳐 성취감을 높일 수 있는 구조화, 반구조화된 프로그램
* 입체와 평면 작업을 통한 공간지각력, 공간인지력 향상 프로그램
* 감정의 이완 및 정서 안정, 소근육 운동을 위한 프로그램
* 제시 자료(사진, 잡지)를 통해 시·공간 환경을 관찰하고 사회적 인지기능을 향상할 수 있는 프로그램

참고문헌

김선현. 『임상미술치료 길라잡이』. 서울. 이담북스. 2012.

김선현. 『똑똑한 내 아이를 위한 미술치료 쉽게 하기』. 서울. 진선아트북. 2009.

김선현. 『엄마와 그림대화』. 서울. DAPSON. 2008.

김선현. 『마음을 읽는 미술치료』. 서울. 넥서스북스. 2006.

김선현, 정지영. "자화상 그림으로 보는 자아존중감 그림 척도 개발에 관한 연구". 임상미술치료학연구 6(1). 2011.

권순희. "동적가족화(KFD)를 통한 초등학교 방과 후 보육교실 아동과 일반 아동의 가족지각 특성 비교". 단국대학교 특수교육대학원 심리치료전공 석사학위논문. 2008.

노강욱. "중·고등학생 학교폭력 가해학생과 피해학생의 그림검사 비교연구 : 학교생활화, 동적가족화, 자화상 검사를 중심으로". 원광대학교 동서보완의학대학원 예술치료학과 미술치료전공 석사학위논문. 2012.

박강화. "정신분열병 환자와 양극성 장애 환자의 풍경구성법 표현 특징 비교". 건국대학교 디자인대학원 미술치료학전공 석사학위논문. 2009.

신민섭. 『그림을 통한 아동의 진단과 이해-HTP와KFD를 중심으로』. 서울. 학지사. 2002.

옥금자. 『미술치료 평가방법의 이론과 실제』. 서울. 하나의학사. 2005.

이연주. "초등학생 나무그림의 발달적 특성". 대구대학교 재활과학대학원 미술치료전공 석사학위논문. 2005.

정길수. "입원한 정신분열병 환자의 풍경구성법에 나타난 반응 특성". 경인 논집 15:215-226. 2008.

조미영. 『미술심리치료의 이해와 실제』. 서울. 파란마음. 2011.

한국미술치료학회. 『미술치료의 이론과 실제』. 대구. 동아문화사. 2000.

한미령. "KFD상에 표현된 자녀의 성격특성, 부모의 양육태도 및 부부관 계". 가톨릭 대학교 대학원 상담심리학전공 박사학위논문. 2001.

카도노 요시히로. 『미술치료에서 본 마음의 세계』. 대구. 이문출판사. 2008.

김선현

현) 연세대학교 원주의과대학 디지털치료 임상센터장 · 교수
　　한중일 임상미술치료학회장
　　대한트라우마협회 회장

전) 차병원 미술치료클리닉 교수
　　차의과학대학교 미술치료대학교 원장
　　베이징의과대학교 교환교수
　　세계미술치료학회장
　　대한임상미술치료학회장

　　한양대학교 대학원 응용미술학과 이학박사
　　한양대학교 교육대학원 미술교육학과 석사
　　가톨릭대학교 상담심리대학원 상담심리학 석사
　　서울과학기술대학교 미술학사

　　저서: ≪그림의 힘≫, ≪누구나 상처를 안고 살아간다≫,
　　≪ADHD 아동을 위한 미술치료 프로그램≫ 외 다수
　　전시기획, 연구논문 다수